Jan Vester

Emos

Eine Jugendsubkultur –
begleitet von Vorurteilen, Hass und Angst!

Diplomica Verlag GmbH

Vester, Jan: Emos. Eine Jugendsubkultur – begleitet von Vorurteilen, Hass und Angst!
Hamburg, Diplomica Verlag GmbH 2014

Buch-ISBN: 978-3-8366-8572-6
PDF-eBook-ISBN: 978-3-8366-3572-1
Druck/Herstellung: Diplomica® Verlag GmbH, Hamburg, 2014
Covermotiv: Fotolia ©deviantART

Bibliografische Information der Deutschen Nationalbibliothek:
Die Deutsche Nationalbibliothek verzeichnet diese Publikation in der Deutschen
Nationalbibliografie; detaillierte bibliografische Daten sind im Internet über
http://dnb.d-nb.de abrufbar.

© Diplomica Verlag GmbH
Hermannstal 119k, 22119 Hamburg
http://www.diplomica-verlag.de, Hamburg 2014
Printed in Germany

Inhaltsverzeichnis

Abbildungs-, Tabbellen- und Diagrammverzeichnis

Abbildungen

Tabellen

Diagramme

Abkürzungsverzeichnis

u. a.	unter anderem
bspw.	Beispielsweise
etc.	et cetera
usw.	und so weiter
ca.	circa
Hrsg.	Herausgeber
Jg.	Jahrgang
S.	Seite (n)
z.B.	zum Beispiel
evtl.	eventuell
H.	Heft €
f.	folgend (e)
ff.	fortfolgende
a. a. O.	am angegebenen Ort
ebd.	eben da
vgl.	vergleiche
zit.n.	zietiert nach
et. al.	et alii, und andere

1 Einleitung

In der heutigen Zeit ist eine enorme Vielfältigkeit der Jugendkultur in unserer Gesellschaft zu beobachten. Die Jugendkultur kann nicht als ein Gesamtes beschrieben werden, sondern ist in unterschiedliche Jugendsubkulturen zu gliedern. Die verschiedensten Jugendsubkulturen prägen durch ihr eigenes Auftreten und Erscheinungsbild unsere heutige Jugendkultur. Die meisten Jugendsubkulturen bestehen schon seit einiger Zeit und sind dem größten Teil unserer Gesellschaft bekannt. So zählen Skater, Hip Hopper, Rocker, Metaller, Raver, Gothics, Fußballfans und vor allem Punks zu den bekanntesten und präsentesten unserer heutigen Zeit. Immer wieder bilden sich neue Jugendsubkulturen, die oft kaum nach außen bekannt bzw. als solche bestimmt werden, und in einem kleinen Kreis ihre eigene Kultur ausleben. So zählen auch Kellys[1], Grunge[2]-Anhänger, Hooligans[3], oder Computerkids zu einer bestimmten Jugendsubkultur.

Im täglichen Sprachgebrauch wird häufig auch der Begriff „Jugendbewegung" statt „Jugendsubkultur" verwendet. Ist somit von Jugendbewegung die Rede, wird damit meist eine bestimmte Jugendsubkultur beschrieben.

Immer wieder bringen Jugendsubkulturen Vorurteile, Inakzeptanz und Intoleranz mit sich. In der Vergangenheit entstand aus diesen subjektiven Ansichten, der Außenstehenden, oft Abneigung bis hin zu Hass.

Seit einigen Jahren entwickelt sich eine neue Jugendsubkultur in Deutschland, „Die Emos". In Ländern wie den USA, Mexiko und Chile haben Emos schon seit einiger Zeit Bestand.

In diesem Buch wird in erster Linie, diese noch neue Jugendsubkultur, anhand ihrer Einstellungen, ihres Auftretens und äußeren Erscheinungsbildes definiert.

Emos sind keine Jugendsubkultur, wie Skater, Rocker oder Fußballfans, denn die Gesellschaft, vor allem die meisten anderen Jugendsubkulturen haben viele negative Vorurteile über sie und hegen enormen Hass gegen eine derartige Auslebung eines neuen Ideals. Zwar hafteten anfangs, an allen neuen Jugendsubkulturen einige negative Vorurteile, die durch die Gesellschaft bestimmt wurden und denen viele

---

[1] Kellys: Fans, die ihr Äußeres der Band Kelly Familiy anpassen.
[2] Grunge: Musikstil, der seine Anfänge in der amerikanischen Untergrundbewegung findet.
[3] Hooligans: Personen, die Sportereignissen beispielsweise bei Fußballspielen durch aggressives Verhalten auffalen.

Mitglieder der Gesellschaft mit Ignoranz und Abneigung zu begegneten, jedoch sind Emos heute schlimmer betroffen als andere zuvor. Sie erfahren heute nicht Abneigung, Intoleranz und jede Menge Vorurteile, sondern auch Hass und Gewalt.

Dieses Buch wird sowohl das Phänomen Emos beschreiben und näher definieren, als auch auf die einzelnen Vorurteile der Gesellschaft eingehen. Das am häufigsten ausgesprochene und in Verbindung gebrachte Vorurteil mit Emos ist, dass sich alle Emos selbstverletzen. Deshalb wird in Kapitel Acht mit einem kleinen Exkurs genauer auf das Thema selbstverletzendes Verhalten und dessen Häufigkeit in Deutschland eingegangen.

Des Weiteren mussten Emos in der Vergangenheit, vor allem in Mexiko, wo das Phänomen Emo schon ausgeprägter und länger bestand hat, extreme Erfahrungen in verbaler und körperlicher Gewalt an der eigenen Person machen.

Wichtig ist es deshalb auf die Themen Vorurteile, Fremdenfeindlichkeit und Diskriminierung näher einzugehen und zu erläutern, warum gegen Emos relativ viele Vorurteile bestehen und jede Menge Hass und Gewaltbereitschaft aufkommt.

Der zweite Teil dieses Buches wird durch eine Umfrage bei Emos, das Ziel verfolgen, eine Aufklärung über die bestehenden Vorurteile der Emos zu geben. Inwieweit die Einstellung und Handlungsweisen mit den Vorurteilen übereinstimmen und wie sich Emos selbst definieren und betrachten.

Da im Moment noch keine deutschsprachige Literatur über die Jugendsubkultur Emo herausgebracht wurde, kann somit die Richtigkeit der Vorurteile und Handlungsweisen von Emos anhand schriftlicher Ausführungen nicht überprüft werden. Deshalb ist ein weiteres Ziel dieser Studie eine Umfrage, welche den Emo-Kult definieren soll und wie er von den Anhängern selbst gesehen und ausgelebt wird.

Insgesamt beschreibt dieses Buch die neue Jugendsubkultur Emos und ihre momentane Situation in Deutschland sowie weiteren Ländern wiedergeben. Darüber hinaus wird die Studie eine Verbindung zur sozialen Arbeit herstellen. In welchen Bereichen in Bezug auf Emos gearbeitet werden sollte und welche Interventions-, Unterstützungs-, und Hilfsangebote geschaffen werden sollten.

2 Einführung in die Begriffe Jugendkultur, Subkultur und Jugendsubkultur

2.1 Jugendkultur

Wenn von einer Jugendkultur gesprochen wird, ist eine Teilkultur der Gesellschaft gemeint. Diese Teilkultur entwickelt durch ihre nicht ortsgebundenen Gemeinsamkeiten, wie Kleidung, Sprache, Aktivitäten, Weltanschauung und andere Elemente des Lebens, ein Zusammengehörigkeitsgefühl (vgl. SCHRÖDER, LEONHARDT, 1998: 17). Würde von nur einer einzigen Jugendkultur ausgegangen werden, müssten alle Männer und Frauen im Alter unter 30 Jahren einbezogen werden (BRAKE 1981: 18). Für eine einzige Gruppe Gleichgesinnter, wie den Emos, reicht der Begriff Jugendkultur nicht aus, statt diesem bedarf es eines weiteren: Der „Jugendsubkultur". Bevor näher auf das Thema „Jugendsubkultur" eingegangen wird, wird im nächsten Punkt der Begriff „Subkultur" definiert.

2.2 Subkultur

Nach dem Fachlexikon der sozialen Arbeit definiert sich Subkultur folgendermaßen: „Eine abgrenzbare soziale Teilgruppe innerhalb der Gesamtgesellschaft wird als Subkultur bezeichnet." (HAFENEGER IN FACHLEXIKON DER SOZIALEN ARBEIT 1997: 935). So zeichnen sich Subkulturen durch ihre eigenen Verhaltensnormen, wie z.B. Wertmaßstäbe und Lebensstil, aus. Angesichts ihrer eigenen Verhaltensnormen grenzen sich Subkulturen signifikant von der „herrschenden" Kultur ab.
Bei Subkulturen wird von spezifischen Merkmalen wie Schicht, Einkommen, Alter, Geschlecht, Verhalten und Lebensweise, um nur ein Paar zu nennen, ausgegangen (vgl. BRAKE 1981: 16).

> „Über ein bestimmtes Verhalten vermittelt sich das Gefühl der Zugehörigkeit zur Subkultur bzw. wird eine neue Rolle eingenommen. Dies umfaßt die art der getragenen Kleidung, die Körpersprache, die Art und Weise, wie man sich bewegt, die Vorlieben und Abneigungen, die Themen, über die man spricht und die Meinungen, die man vertritt." (COHEN 1965:S.1 IN BRAKE 1981: S.19)

Dennoch muss zwischen zwei Typen von Subkulturen unterschieden werden. Es besteht eine Differenz zwischen Subkulturen, die von der Gesellschaft akzeptiert werden und anderen, die durch z.b. gewaltsame Handlungen eine negative Reaktion hervorrufen (vgl. DOWNES 1966: 9 IN BRAKE 1981: 17).

2.2.1 Jugendsubkultur

Werden die Phänomene Jugendkultur und Subkultur miteinander verbunden, ergibt sich der Begriff der Jugendsubkultur.

Obwohl im täglichen Sprachgebrauch nicht zwischen den Begriffen Jugendkultur und Jugendsubkultur unterschieden wird, besteht ein wesentlicher Unterschied in diesen zwei Bezeichnungen.

Das oben beschriebene Repertoire der Subkulturen wurde in der Jugendkulturfor-schung erweitert und teilweise sogar abgelöst. Eine Jugendsubkultur wird auch durch Merkmale wie Lebensstil, Millieu eigene Räume und Orte, Auffassung von Entfaltung und Individualität bestimmt. So sind Subkulturen im Jugendbereich an ihrer Kleidung, Musik, Mode, Outfit, Styling und Aktivitäten zu erkennen (HAFENEGER IN Fachlexikon der sozialen Arbeit 1997: 935).

Jugendsubkulturen heben sich von den herrschenden Wertmaßstäben der Gesell-schaft ab und sagen mit ihrem Stil einiges über das Ausmaß ihrer Bindung an die jeweilige Subkultur aus (Brake 1981: 19).

Brake (1981: 20) beschreibt drei Hauptmerkmale eines jeden Stils:

1. Image[4]: Über die äußere Aufmachung, Frisur, Schmuck und persönliche Ac-cessoires wird der Ruf über das Erscheinungsbild transportiert.
2. Haltung: Über Körpersprache, Art und Weise, wie man sich bewegt, sowie den körperlichen Ausdruck setzt sich die Haltung zusammen.
3. Jargon[5]: Hiermit wird die Entwicklungsgeschichte eines bestimmten Dialekts und dessen Vokabular in den Vordergrund gestellt.

„Szene" ist ein weiterer Begriff, der in der Umgangssprache häufig statt Jugendkultur verwendet wird. Dieser bringt meist ein negatives Bild mit sich. Spricht man z.B. von der Techno- oder HipHop-Szene, wirken Außenstehende meist verunsichert, da auch

---

[4] Image: Gesamteindruck, den eine Mehrzahl von Menschen gegenüber einem Gegenstand oder einer Person hat.

[5] Jargon: Wird auch umgangsprachlich Slang genannt. Hiermit wird der benutze Dialekt und Wort-schatz beschrieben.

häufig von „Drogen-Szene" oder „Extremisten-Szene" gesprochen wird. Deshalb assoziieren viele Menschen, wenn von einer Szene gesprochen wird, eine negative Subkultur (vgl. GROßEGGER, HEINZELMAIER 2004: 8).

2.2.2 Definitionen und Unterschiede verschiedener Subkulturen

Um einen Einblick zu bekommen in wiefern sich eine Subkultur in ihren einzelnen Bereichen definieren kann, werden in den folgenden Punkten die drei Gängigsten, in ihren unterschiedlichen Merkmalen Musik und Kleidung beschreiben.

2.2.2.1 Punks

Punks tragen Röhrenhosen, Knopf-Jackets, schmale Schlipse, zerrissene T-shirts, die von Sicherheitsnadeln zusammengehalten werden, Armeehosen, Ketten, Springerstiefel oder Plastiksandalen, Nieten und Lederjacken (vgl. BAACKE 1999: 77-78) Die Anfänge der Musik sind in England zu finden. Es waren die Sexpistols, die die Musikrichtung schufen und die Vorreiter des Punk wurden (a. a. O.: 75).

2.2.2.2 Gothics

Es bestehen Unterschiede in der Stilrichtung der gehörten Musik, denn der Ursprung liegt unter anderem auch im Punk. Gothic ist gitarrenlastig, ruhig mit eher melancholischen Texten. Des Weiteren zählen Dark-Rock, Death-Rock und Noise zum Musikgeschmack der Gothic-Anhänger (vgl. HITZLER, BUCHER, NIEDERBACHER 2001; 78). Prinzipiell ist ihre Kleidung immer schwarz, obwohl auch blau, rot, violett und grün in dunkler Ausführung akzeptabel sind. Teilweise tragen sie Lack und Leder, lange Mäntel und ihre Haare als Iro-Schnitt oder lang, glatt, offen und entweder wirr oder zusammengebunden (vgl. ebd.).

2.2.2.3 Skater

Anfangs wurde in der Skater-Szene noch Punk gehört, der später von Hardcore abgelöst wurde. Heute gilt Hip-Hop hauptsächlich als Musikstil der Skater. Sie halten sich überwiegend auf Skateplätzen und -hallen auf. Ihre Kleidung wird als Street-Ware bezeichnet. Es wird zwar auf Bequemlichkeit großen Wert gelegt, doch darf auch die Ästhetik nicht zu kurz kommen. So gehören weite Hosen aus stabilem Stoff, sowie weite, unifarbene und/oder mit einfachen Logos bedruckte T-Shirts dazu (vgl.

HITZLER, BUCHER, NIEDERBACHER 2001: 93). Schuhe werden meist von den Marken „DC" „Axion" oder „Emerica" getragen. Diese liefern den perfekten Zustand zwischen Schuh und Skateboard (a. a. O.: 94).

3 Emo – eine neue Jugendsubkultur

Als Emo wird heute eine neue Jugendsubkultur bezeichnet. Der Begriff „Emo" kommt aus dem amerikanischen Sprachgebrauch und leitet sich von dem Wort „emotional" ab. Ursprünglich ist „Emo" die Abkürzung für die Musikrichtung „Emotional-Hardcore". Im Laufe der Zeit hat sich die Musikrichtung Emo jedoch zu einer Jugendbewegung entwickelt. Ihr Stil, Aussehen, Auftreten sowie ihre Kleidung und Frisur prägen diese neue Jugendbewegung und werden von jeder Menge Vorurteile, Hass und Diskriminierung begleitet.

In diesem Kapitel werden die geschichtliche Entstehung, der Übergang von „nur" einer Musikrichtung bis hin zu einer ganzen Subkultur, und das eigentliche Phänomen „Emo" beschrieben.

3.1 Entstehung und Geschichtlicher Hintergrund

Emo bildete sich in den frühen 80ern aus der Punk-Hardcore[6]-Szene in Washington D.C.[7] in den USA heraus. Beide Szenen traten als eine Reaktion auf die steigende Gewalt innerhalb der Szene und den Ausbau der persönlichen Politik ein (GREEN-WALD 2003: 9). Es waren Ian MacKaye und seine Band „Minor Threat"[8] die die Washingtoner Punk-Harcore-Szene prägten. Sie richteten ihren Fokus weg von der Gemeinschaft direkt auf den Einzelnen (a. a. O.: 10). 1983 löste sich „Minor Threat", die Band um Ian MacKaye wieder auf. Obwohl diese Band nur kurze Zeit aktuell war, hinterließ sie einige Lieder, die in den darauf folgenden 20 Jahren andere Bands inspirieren sollten. 1984 gründete Guy Picciotto, ein Fan dieser Band, eine neue Band namens „Rites of Spring"[9] (a. a. O.: 11). Sie gelten als die Grundlage für die weiterführende Entwicklung des Emocores. Sie befreiten den Hardcore von seinen selbst auferlegten Grenzen zugunsten von wohlklingenden Gitarrenklängen, verschiedenen Rhythmen und tiefen, persönlichen und leidenschaftlichen Texten. Viele Themen der Band beinhalteten Materien, die an die sich später entwickelnde Emo-

---

[6] Punk-Hardcore wird auch Postcore genannt und ist eine Entwicklung aus dem Hardcore-Punk.

[7] Washington D.C. ist die Hauptstadt der USA.

[8] Minor Threat: aus dem englischen übersetzt: Geringe Bedrohung.

[9] Rites of Spring: aus dem englischen übersetzt: Die Riten des Frühlings.

Musik, erinnerten. Nie zuvor wurden Nostalgie, romantische Bitterkeit und poetische Verzweiflung im Punk-Rock mit einbezogen (a. a. O.: 12).

Die Geschichte kehrte sich um, als Ian MacKaye ein Fan von „Rites of Spring" wurde. Zuerst begleitete er die Band als Roadie auf Tour und gründete folglich eine weitere Band namens „Embrace"[10]. Unter anderem gehörte ihm das Platten-Label „Dischord"[11], mit welchem er ein Album mit „Rites of Spring" aufnahm. Mit dieser Band erforschte er weitere, ähnliche Themen von selbstsuchender und emotionaler Erlösung (a. a. O.: 14).

Damit waren die Wege für die Entstehung des Emotional-Hardcore geebnet. Die Marke bzw. die Bezeichnung „Emo" verbreitete sich in Washington D.C. sehr schnell. Sie wurde mehr und mehr als Beleidigung benutzt. So kam es dazu, dass bei einer Show von Embrace, feindliches Geschrei mit einer negativen Auslegung von Emo zu vernehmen war (a. a. O.: 15).

Diese Emotionen und tiefgründigeren Zeilen in Texten missfielen den Anhängern der Punk-Hardcore-Szene. Sie verglichen das Einwirken von Emocore mit der Zeit als Bob Dylan anfing elektronische Musik[12] zu machen (Popkin 2006: 1).

Die Bands die unter dem Platten-Label „Dischord" produziert wurden, wurden ab diesem Zeitpunkt als Emo betitelt und hielten sich nicht lange. Auch die Bands „Embrace" und „Rites of Spring" hatten keine Zukunft und lösten sich bald darauf auf (Greenwald 2003: 16).

Trotzdem breitete sich das Phänomen des Emocores über das ganze Land aus. Auch die beiden Wegbereiter gründeten eine neue Band Namens „Fugazi", welche auch heute noch immer aktiv spielt (a. a. O.: 18) Emotional-Hardcore war geboren und der Weg zur Verbreitung eines neuen Musikstils geebnet.

3.2 Entwicklung in Deutschland

Seit einigen Jahren steht Emo in Deutschland nicht mehr nur für eine Musikrichtung, sondern ebenso wie in Mexiko und den USA, für eine sich neu entwickelnde Jugendbewegung bzw. Jugendsubkultur. Es ist nicht exakt festzustellen, seit wann genau

---

[10] Embrace: aus dem englischen übersetzt: Umarmung.
[11] Dischord: aus dem englischen übersetzt: Der Missklang.
[12] Bob Dylan Musik beinhaltete kene elektronische Musik, als er diese dann hinzufügte, missviel dies vielen Fans.

sich diese neue Jugendsubkultur in Deutschland durchgesetzt hat. Es kann nur geschätzt werden, dass im Jahr 2000 Jugendliche begannen, sich wie die Bandmitglieder ihrer Lieblingsbands zu kleiden, um später ihren eigenen Modetrend durch etliche weitere Accessoires zu erweitern (vgl. RUHLAND 2008: 1).

Heute stellen sie auch in Deutschland eine eigene Jugendsubkultur dar. Diese ist an ihrem äußeren Erscheinungsbild, wie Frisur, Schminke, Piercings und Kleidung, sowie ihren Einstellungen und eigenen Verhaltensweisen zu erkennen. Doch das auffälligste und am häufigsten mit Emos in Verbindung gebrachte Merkmal ist, dass sie offen und frei zu ihren Gefühlen stehen und damit umgehen. Ob glücklich oder traurig, nach außen hin werden diese nicht versteckt.

Auffällig erscheint es, dass sich mehr weibliche als männliche Jugendliche zu dem Emo-Kult hingezogen fühlen, obwohl es kaum eine Band gibt deren Sänger oder andere Mitglieder durch Frauen verkörpert werden. Des Weiteren gibt es nur eine Künstlerin, die in die Richtung Emo eingestuft werden könnte, Avril Lavigne[13]. Dennoch fühlen sich eher Frauen zu dieser Jugendsubkultur hingezogen. Mit Begeisterung kleiden sie sich, wie es die Emo-Mode erfordert und nehmen männliche Emos als süß war (EISMANN 2008).

In den nächsten Punkten werden die Merkmale, die zum Entstehen eines Emos und dessen Werdegang beitragen, beschrieben.

3.3 Lebenseinstellung

Während viele andere Jugendsubkulturen sich gegen Atomkraft, Nazis oder wie mittlerweile auch gegen Emos aussprechen und ihre Zeit mit Demonstrationen und Diskussionen über ihre Feindbilder verbringen, widmen sich Emos ausschließlich ihrer eigenen Kultur (RUHLAND 2008: 2).

Sie tauschen sich über die aktuelle Musik und vor allem aktuelle Modetipps aus, um immer auf dem neusten Stand zu sein. Insbesondere in der virtuellen Welt, dem Internet, welches in Punkt vier näher beschrieben wird, finden Emos Gleichgesinnte, um sich gemeinsam mit ihrem Kult verbunden zu fühlen.

---

[13] Avril Lavigne: Kanadische Sängerin.

19

3.4 Musik

Da sich Emo, wie in Punkt eins beschrieben, von der Musik ableitet, bildet die Musik auch ein wichtiges Kriterium für den Emo-Kult. Texte der Lieder spezifizieren sich nicht auf eine bestimmte politische Haltung, viel mehr stehen Emotionen wie Gefühle und Ängste im Vordergrund, die es für die Bands auszudrücken gilt (RUHLAND 2008).

Bands, wie Embrace, Rites of Spring und Fugazi, waren die ersten Bands, die als Emo bezeichnet wurden. Heute werden Bands wie „Jimmy Eat World"[14], „My Chemical Romance"[15], "Funeral for a friend"[16] oder „Fall out Boy"[17] und „Panic at the Disco"[18] als typische Emo-Bands von Außenstehenden bezeichnet (MAX 2008).

Doch wenn Emos selbst ihre Lieblingsbands erwähnen, dann gehören diese zwar mit dazu, doch es sind weniger bekannte Bands, wie „Alesana", „Aiden" oder „Silverstein", die unter die Rubrik Emo fallen (OBERLÄNDER 2008).

Wichtig zu erwähnen ist allerdings, dass sich Bands niemals selbst als „Emo" bezeichnen würden. Durch den US-Amerikanisch geschichtlichen Hintergrund und die negative Belastung, die Emocore mit sich brachte, vermeiden Bands diese Bezeichnung und ziehen den Begriff „Post-Hardcore" vor und beschreiben sich auch als Post-Harcore-Bands (vgl. GREENWALD 2003: 16).

3.5 Style

Durch ihr Styling geben sich die Jugendlichen zu erkennen. Die extravagante Mode der Jugendlichen gibt es mittlerweile in großen Mengen zu kaufen. Vor allem bei H&M[19] finden die Jugendlichen dieser Jugendsubkultur Kleidung, die zu ihnen passt, ihnen als angemessen erscheint und ihr Zugehörigkeitsgefühl zum Emo-Kultur ausdrückt (VIENNA 2008). H&M hat, durch die in den letzten Jahren immer mehr entwickelte Jugendbewegung, eine Marktlücke gefüllt. Emos statten sich mittlerweile hauptsächlich mit Kleidung von H&M aus.

---

[14] Jimmy eat world: aus dem englischen übersetzt: Jimmy frisst die Welt.

[15] My chemical Romance: aus dem englischen übersetzt: meine chemisches Liebeserlebnis.

[16] Funeral for a friend: aus dem englischen übersetzt: Beerdigung eines Freundes.

[17] Fall out boy: aus dem englischen übersetzt: Herausfallender Junge.

[18] Panic at the Disco: aus dem englischen übersetzt: Panik in der Disko.

[19] H&M: Hannes & Mauritz. Ein sehr bekanntes und beliebtes Kleidungsgeschäft.

3.5.1 Kleidung

Die Bekleidung der Emos hat eine eindeutige Richtung. Ein Muss für jeden Emo, sowohl für Jungs als auch für Mädchen, sind die schwarzen so genannten Röhrenjeans und Nietengürtel. Chucks und Vans gehören mit zu den Marken, die Emos zu ihren Markenzeichen zählen (RUHLAND 2008). Doch die auffälligste Mode, die in Erscheinung tritt und präsent macht, sind ihre T-shirts, die meist schwarz oder schwarz-weiß gestreift, kariert, mit Punkten oder Sternchen versehen sind und in Kombination mit etlichen, meist knallig farbigen Accessoires wie z.B. Halstüchern oder Krawatten stehen (HÖLL 2008). In einem Bericht von RTL werden sie deshalb als eine Mischung zwischen Punks und Mickymäusen bezeichnet. Beliebte Kleidungsstücke, sowohl bei Jungs als auch bei Mädchen, sind T-Shirts und Sweatshirts mit Aufdrucken von Bandnamen oder Bandfotos (SIMON, KELLEY 2007: 44 ff.).

3.5.2 Frisur und Schminke

Ihre Frisur ist meist pechschwarz, blond oder in grellen Neonfarben gefärbt und fransig geschnitten. Dazu gehört ein Pony, der weit ins Gesicht fällt und hauptsächlich nur ein Auge verdeckt (BONNSTEIN, WELLERSHOFF 2008: 15). Sowohl Frauen als auch Männer tragen die gleichen Haarschnitte. Einzige Ausnahme ist, dass es kaum Männer gibt, die ihre Haare in einer anderen Farbe als Schwarz färben. Die Frisuren sehen denen der Visual Kei[20] Anhänger, wie Bill Kaulitz von „Tokio Hotel", ähnlich (ebd.).
Sowohl die weiblichen als auch die männlichen Jugendlichen zeichnen sich durch die Benutzung von Kosmetikartikeln aus. Jeder der dazu gehört trägt Kajal und betont durch dicke schwarze Farbe seine Augen (RUHLAND 2008).

3.5.3 Tattoos

Tattoos haben für Bands, die als Emo bezeichnet werden und dem Klischee entsprechen, eine hohe Bedeutung. Sie lassen sich meist Pistolen, Spritzen, Gitarrensaiten, Sternchen, Notenschlüssel, Monde und Herzen tätowieren, was allerdings nicht für die Anhänger der heutigen Jugendbewegung gilt (vgl. SIMON, KELLEY: 2007: 51). Da viele Jugendliche noch minderjährig sind und daher die Einverständniserklärung der

---

[20] Visual Kei

Erziehungsberechtigten benötigen, haben die heutigen Jugendlichen häufig noch keine Tätowierungen.

Was für Emos aber inakzeptabel in Sachen Tattoos erscheint, sind Tribal-Tattoos[21]. Denn Tribal-Tattos werden als normal bezeichnet. Emos trauen denjenigen nicht, die ein Tribal-Tattoo besitzen, denn diese Tattoos und ihre Träger gelten als so normal wie jeder andere auch und haben keinerlei Bedeutung (ebd.). Tattoos müssen etwas darstellen. Wie zuvor beschrieben, sind aktuell Sterne und Notenschlüssel bei jugendlichen Emo-Anhänger sehr beliebt, vorausgesetzt sie ließen sich schon tätowieren oder verspüren den Wunsch sich tätowieren zu lassen (a. a. O.: 52).

3.5.4 Piercings

Ein ganz typisches Merkmal für Emos sind Piercings. Piercings werden an jeder Stelle des Körpers, doch vor allem im Gesicht, getragen. Die meisten tragen ein Unterlippenpiercing an den Mundwinkeln (HÖLL 2008: 1).

Es gibt auch jugendliche Emos, die für sich das Piercen als Ersatz des selbstverletzenden Verhaltens gefunden haben. So beschreibt in einem Interview ein weiblicher Emo, dass sie sich früher selbst verletzt habe. Mittlerweile lasse sie sich aber jedes Mal ein neues Piercing stechen, wenn sie größere Probleme habe und den Drang verspüre, sich selbst zu verletzten oder wieder spüren zu können (OBERLÄNDER 2008: 2). Piercings sind sowohl ein großes Erkennungsmerkmal für Emos, als auch eine Bewältigungsstrategie bei emotionalen Problemen.

3.5.5 Der Emo-Kult als Zufluchtsstätte

Die Emo-Kultur bietet den Jugendlichen von heute, darüber hinaus, einen Zufluchtsort der ihre ambivalenten Ansichten hinsichtlich ihrer Sexualität zulässt (Eisemann 2008). Jugendliche, die eine homosexuelle Neigung entwickeln, werden von der Gesellschaft anderer Jugendlicher gerne ausgeschlossen, beschimpft oder einfach nicht akzeptiert.

In dieser Subkultur haben sie eine akzeptierende Gruppe und sich öffentlich dazu bekennende Gleichgesinnte gefunden. Bekanntlich ist die männliche Homosexualität eine weniger tolerierte Ausrichtung als die weibliche. Bei den Emos ist es das

---

[21] Tribal-Tattoos

genaue Gegenteil. Es sind die männlichen Jugendlichen, die sich zu ihrer Homo- oder Bisexualität bekennen, die sowohl von Mädchen, als auch von Jungs als schön, sexy und niedlich angesehen werden (ebd.).

3.6 Vergleiche zu Punks und Gothics

Zwischen Emos und Punks, sowie Emos und Gothics werden immer wieder Gemeinsamkeiten festgestellt. Deshalb bleibt es nicht aus, die Jugendsubkultur „Emo" von „Punks" und „Gothics" zu differenzieren.

3.6.1 Vergleich zu Punks

Da die Musikrichtung Emocore sich aus Punk heraus entwickelte, nimmt der Punk zwar eine wichtige Rolle in Bezug auf Emos ein, ist aber dennoch von der eigentlichen Jugendsubkultur abzugrenzen. In der Musik spiegeln sich gewaltige Unterschiede in ihren Texten wider.

Während sich nach FERCHHOFF (2007: 201) der eigentliche Punk auf politischen und sozialkritischen Texten basierte, bewegte sich der darauf aufbauende „Emocore" weg von diesem Ursprung. Als eine Weiterentwicklung und neuen Teil des Punks befasst sich „Emotional-Hardcore" nicht mit gesellschaftlich orientierten Texten, sondern richtet seinen Fokus auf die eigene Person und die eigenen Gefühlslagen (Greenwald 2003: 10).

Die größten Unterschiede zwischen Punks und Emos sind in ihrem Auftreten, sowohl an der Kleidung als auch an der Haltung, zu erkennen. Die Kleidung der Punks zeichnet sich durch ihre bunte Haartracht und die so genannten Irokesenschnitte aus. Des Weiteren tragen sie Springerstiefel, oft mit roten Schnürsenkeln, und vor allem Bandembleme, die sie auf ihre Jacken gestickt haben. Die ursprünglichen Bands des Punk bzw. des Punkrocks sind bei dem Punk-Anhang Kult und sehr beliebt. So weiß jeder Punk, dass die Sex Pistols, The Clash oder Eater zu den Urvätern des Punk zählen (FERCHHOFF 2007: 202). Zwar gibt es solche Bands auch für den Ursprung des Emocores, doch den meisten Emos erscheint es uninteressant durch welche Bands diese Musikrichtung entstand. Sie berufen sich mehr auf die aktuellen Bands und gehen mit der Zeit. Es zählen die aktuellen Bands, die den Emocore prägen und nicht die Vergangenheit.

Sowohl Gemeinsamkeiten als auch Unterschiede findet man in den Einstellungen, ihrem Auftreten und ihren Haltungen gegenüber der Gesellschaft.

Obwohl sich beide, Punks und Emos, in Fußgängerzonen und auf größeren Plätzen der Städte zusammenschließen und beide Gruppen ihre Zeit damit verbringen, miteinander ihre Freizeit zu gestalten, haben sie unterschiedliche Hintergründe. Zwar war es früher ein extremeres Ausleben der Punks als heute, dennoch findet man immer noch Punks, die sich mit ihren Hunden und Freunden in Fußgängerzonen und auf großen Plätzen, mit billigem Bier, einen hohen Alkoholpegel beschaffen und gleichzeitig vorbeiziehende Passanten um Kleingeld anbetteln. Dazu ist zu sagen, dass unter den Punks das erfragen von Kleingeld nicht als Betteln, sondern als Schnorren betitelt und als nicht so gravierend eingestuft wurde. Sie wollten der ständig wachsenden Kommerzialisierung aus dem Weg gehen und sich dagegen auflehnen. Durch Pöbeleien vor Glasfassaden der Banken und großen Kaufhäusern äußerten sie ihre Meinung. Heute sind diese Punks kaum mehr anzutreffen und mittlerweile ist auch ihr Hass auf die Kommerzialisierung und ihre ursprüngliche Einstellung abgeschwächt (FERCHHOFF 2007: 202 ff.).

Emos dagegen beschäftigen sich ausschließlich mit sich selbst. Emos, die in größeren Gruppen anzutreffen sind, werden zwar vom Großteil der Gesellschaft, vor allem den Jugendlichen, nicht gerne gesehen und abwertend behandelt, dennoch haben sie gegen nichts und niemanden etwas einzuwenden. Da ihr Fokus auf ihnen selbst liegt und sie sich somit fast ausschließlich mit sich selbst, ihren Freunden und Gefühlen beschäftigen, greifen sie niemanden an und gefährden in keiner Weise andere Personen der Gesellschaft.

So wie die Punks ziehen allerdings auch Emos mittlerweile Verachtung und Hass auf sich, wobei den Punks, trotz ihrer gegen die Gesellschaft orientierten Einstellung, niemals solch eine Verachtung und Intoleranz entgegenkam, wie es Emos im Moment erfahren müssen.

3.6.2 Vergleich zu Gothics

Immer wieder werden Emos aufgrund ihres Aussehens mit Gothics verglichen. Die gemeinsame schwarze Bekleidung und die schwarz geschminkten Augen geben Anlass dazu. Sieht man genauer hin, steht bei Gothics eher die Kombination aus Schwarz und weiß im Vordergrund. So schwarz sie auch gekleidet sind, versuchen sie ihr Gesicht so hell wie möglich zu halten (FERCHHOFF 2007:).

Die Gothic-Szene entwickelte sich aber ebenso wie der Emo-Kult aus der Punk- aber zugleich auch aus der New Wave- und New Romantic- Bewegung. Den Gothics waren die Punks viel zu aggressiv und erschienen ihnen zu ungepflegt und hässlich. Das Rumhängen auf der Straße war nicht kompatibel mit ihrem innigen Weltschmerz (ebd.).

Während sie ihren eigenen Kleidungsstil kreieren, begannen Gothics zu Beginn, sich mit Kleidungsstilen vergangener Epochen zu schmücken. So zogen sie Damastverzierungen, flatternd wehende Mönchskutten oder knöchellange Priestergewänder der Kleidung aus den gängigen Modehäusern vor. Um sich weiter von der Gesellschaft abzuheben und ihren Gefühlen einen Ausdruck zu verleihen, ließen sie schwarze Seiten des Lebens zu und näherten sich Tabus und Verdrängungen der Mehrheitsgesellschaft. Sie beschäftigten sich ausgiebig mit Tod, Trauer, Magie, Satanismus, Sadomasochismus und Tattoos. Ein weiterer Punkt der Gothics auszeichnet, womit auch wieder eine Verbindung zu Emos hergestellt wird, sind Piercings. Jegliche Symbole, die die dunkle Seite des Lebens widerspiegeln waren für sie von Bedeutung. Dazu zählten z.B. Nebelkrähen bzw. Raben als Symbole der Untoten, Drachen als gottfeindliche Mächte und Herrschaften des Schreckens. Des Weiteren zählten Fledermäuse, Vampirmythen, Schlangen, Spinnen, Kreuzsymbole, die Zahl 666 oder der Unglückstag Freitag der 13. dazu (vgl. a. a. O.: 226).

Emos fanden auch ihre eigenen Symbole, dennoch haben sie keine so große und tiefgründige Bedeutung für sie, wie die beschriebenen Symbole für Gothics.

Genau wie bei Emotional-Hardcore zeichnet sich auch die Musik der Gothics, die überwiegend aus Dark Wave und Heavy Metal besteht, durch die melancholischen Texte aus. Jedoch beinhalten die Texte nicht nur die eigene Gefühlswelt, sondern auch mystische und düstere Gedanken, Depressionen und den Weltschmerz symbolisierende Aussagen (ebd.).

Ebenso wie Emos lassen sich Gothics viel Zeit beim richten ihres äußeren Erscheinungsbildes. Beide richten ihre Frisuren und Make-ups mit stundenlanger Mühe her und färben sich des Öfteren ihre Haare schwarz. Zusätzlich tragen Gothics jede Menge Ketten, Ringe, Kreuze sowie heidnische und religiöse Motive (a. a. O.: 227).

Gothics sind nicht so häufig wie Emos auf großen offenen Plätzen oder in Fußgängerzonen zu sehen. Eher treffen diese sich an eigenen dunklen Orten. Orte, die durch Trauer, Tod, Stille, Düsternis oder etwas Geheimnisvolles geprägt sind.

Insgesamt können Emos und Gothics zwar in der Farbe schwarz verglichen und gleichgesetzt werden, doch was ihre Einstellungen, Kleidung, Vorlieben in der Musik, in den Aufenthaltsorten und Interessen angeht, können Emos deutlich von Gothics abgegrenzt werden.

4 Emos und die virtuelle Welt des Internets

Durch das Internet kann jedes erdenkliche Informationsmaterial und Wissen erworben werden. In Bezug auf Emos stellt es zum Teil eine nützliche Kontakt– und Informationsquelle dar, in der sie sich austauschen, gleichgesinnte Gesprächspartner finden, Hilfe suchen und sich mit Musik beschäftigen können. Dennoch wird dieses Medium häufig von Emo-Gegnern, wie sie im vorigen Kapitel beschrieben stehen, missbraucht.

In diesem Kapitel wird vorerst kurz die Benutzung des Internets von Emos beschrieben. Danach wird ausführlich auf den Schwerpunkt dieses Kapitels eingegangen: Den Missbrauch des Internets von Emo-Gegnern.

4.1 Unterstützendes Internet für Emos

Das Internet stellt für Emos ein wichtiges Medium in Sachen Austausch und Kontaktknüpfung dar. Durch eine Menge von Webseiten können sich Emos über die neusten Modetrends, Stylingtipps und Bands austauschen. Vier der größten deutschen Emo-Seiten im Internet sind unter www.emospace.net, www.myemo.net, www.emostar.de und www.emo-chat.mypeopls.de zu finden. Auf der Seite von emospace sind momentan über 8000 User angemeldet. Dort können sie neue Online-Kontakte und Freundschaften knüpfen, aber sich auch auf die Suche nach Emos aus ihrem Ort machen. Nicht selten bilden sich zwischen den in diesen Emo-Foren[22] angemeldeten Jugendlichen reale Freundschaften (BÜSSER 2008).

Durch das Internet finden Emos andere Jugendliche, die ihren Musikgeschmack teilen und selbst ein sehr emotionales Verhalten einnehmen. Viele Jugendliche suchen bei ihren virtuellen Freundschaften oft einen unterstützenden Rat, um aus ihrem evtuellen Gefühlschaos entfliehen zu können. Da diese Jugendsubkultur noch in der Entwicklung steht und man in dieser nicht so viele Anhänger wie bei anderen findet, ist das Medium Internet für Emos ein ganz wichtiges. Egal aus welcher Stadt oder noch so kleinem Dorf sie kommen, im Internet finden sie Gleichgesinnte mit denen sie sich über ihre Ansichten und Einstellungen unterhalten können.

---

[22] Foren: Im Internet gebildetet Seiten, auf denen sich Personen anmelden und mit anderen Personen per Text unterhalten können und Neuigkeiten und Informationen zu bestimmten Themen zu veröffentlichen.

4.2 Missbrauch des Internets von Emo-Gegnern

Es gibt zahlreiche Internetseiten auf denen sich User[23] als Emo-Gegner outen[24] und sich negativ über diese Jugendbewegung äußern. Anhand von Bildern, Karikaturen, Witzen, Spielen und Foren ist erkennbar welches Ausmaß die Abneigung gegen die junge Jugendsubkultur angenommen hat. In den folgenden Punkten werden diese Ausdrucksformen des Hasses näher beschrieben.

4.2.1 Bilder

Alleine durch den Suchbegriff „Anti-Emo" findet man, auf der internationalen Suchmaschine Google, zahlreiche Bilder die auf verschiedenen Webseiten präsentiert werden. Auf folgenden Bildern kann man erkennen, dass durch deren Äußerungen andere aufgefordert werden, Emos zu töten oder ihnen zu zeigen wie man sich umbringt, dass z.B. ein Lenksschnitt am Arm keine Auswirkungen hat.

Abb. 1: Emo must die[25]   Abb. 2: Hey Emo, go kill yourself[26]   Abb. 3: kill EMO[27]

---

[23] User = engl. Benutzer. Hier: Benutzer von Internetforen
[24] Öffentlich zugeben, zu etwas zu stehen oder etwas zu sein. Hier öffentlich zur Homosexualität bekennen.
[25] Der Emo muss sterben. www.anti-emo.de
[26] Hey Emo, los bring dich selbst um. www.anti-emo.de
[27] Tötet den Emo. www.anti-emo.de

Abb. 4 Please Emo´s Do it right[28]

Abb. 5: Remember Kids, make it count![29]

4.2.2 Witze

Die Feindseeligkeiten, die Emos erfahren finden ihren Ausdruck weiter durch zahlreiche Witze auf verschiedenen Internetforen und Webseiten. Diese Witze beziehen
sich auf die Vorurteile, die die Gesellschaft und andere Jugendbewegungen haben.
Meist richten sie sich nach dem Klischee, dass sich alle Emos ritzen[30]. Schon früher
gab es Witze über andere Gruppen, wie z.B. die Ostfriesen oder Blondinen, doch
nehmen diese Witze eine große Form der Feindseeligkeit an, die es zuvor nicht gab
(Büsser 2008).

Nun finden sich so genannte Foren im Internet, in denen sich Emo-Gegner, mit Hilfe
von Witzen ihren Hass auf Emos äußern und die neusten Witze austauschen. In
folgenden Foren kann man als einfacher Internetnutzer Witze lesen und eigene
veröffentlichen.

- Witzeforum (http://www.witzeforum.de/emo-witze-t6528.html),
- Talkteria (http://www.talkteria.de/forum/topic-10556.html),

Auch gibt es Seiten auf denen schon etliche Witze über Emos zu lesen sind, wie z.B.
auf den unten stehenden.

- Newsgroups(http://newsgroups.derkeiler.com/Archive/De/de.talk.jokes/2007-
12/msg00049.html).

---

[28] Bitte Emos, macht es richtig. Krankenhaus – Leichenhalle. www.anti-emo.de

[29] Denkt dran Kinder...Es geht die Straße runter, nicht über sie drüber. Seht zu, dass es klappt.
www.anti-emo.de

[30] ritzen wird umgangsprichlich das selbstverletzende Verhalten bezeichnet bei dem sich die Beteiligten die Arme aufkratzen, sich mit Messern etc. sich in die Arme und andere Körperteile schneiden
bzw. ritzen.

- Philslaus (http://www.philslaus.de/2007/10/10/emo-witze/).

Folgend sind ein paar der am meisten erwähnten Witze aufgelistet.

„Warum findet man nach 23 Uhr keine Emos in Bars? Da ist Happy-hour."

„Wie heißt das Lieblingsmärchen der Emos? Das tapfere Schneiderlein!"

„Warum macht ein Emo mit seiner Freundin Schluss? Weil er mit ihr glücklich war!"

„Wie viele Emos braucht man um eine Glühbirne zu wechseln? Drei, einen der sie rausschraubt, einen der ein Gedicht drüber schreibt und einen der deswegen weint."

Es ist unschwer zu erkennen, wie sehr andere Personen Emos durch ihr Verhalten verachten und sie ins Lächerliche ziehen. Auf der einen Seite mögen sie witzig sein, doch auf der anderen sind sie feindlich gesinnt und geben Jugendlichen und weiteren Emo-Gegnern ein Mittel und Gründe, um ihrem Hass und ihrer Abneigung Ausdruck zu geben.

4.2.3 Spiel für Emo-Gegner

Sucht man intensiver unter dem Begriff „kill emo" findet man auch ein Spiel was alle Emo-Gegner ansprechen soll, die sich laut der Umgangssprache im Internet, den Tod der Emos wünschen. So kann auf der Webseite „www.gamedoz.com"[31] ein kurzes sarkastisch blutiges Spiel gespielt werden. Die Beschreibung des Spiels lautet: „Der Moment, den Sie gewartet haben, töten Sie brutal ein emo Kind, während es jammert!". Das Ziel des Spiels, den Emo zu töten, ist von Beginn an deutlich. Auf dem Bildschirm erscheint ein männlicher Emo, der sich fragt, warum ihn keiner beachtet und warum ihn keiner töten möchte. Danach folgen mehrere Anweisungen wie man ihn mit Hilfe eines Messer, einer Pistole und eines Schwertes zu töten hat. Am Ende des Spiels sieht man seine Extremitäten blutverschmiert und im Raum verteilt auf dem Boden liegen, die danach in einem Sarg landen.

4.2.4 Anti-Emo-Webseite

Die größte Anti-Emo-Webseite und Hass-Portal findet man unter dem Link http://www.anti-emos.de/. Auf dieser Webseite werden sämtliche Witze und auf Hass basierende Karikaturen veröffentlicht. Des Weitern kann jeder, der sich dazu bereit

---

[31] www.gamedoz.com/games/das-emo-toten/de

erklärt, mithelfen die Seite zu gestalten und neueste Informationen, abwertende Witze, selbst erstellte Zeichnungen bezüglich Emos u.v.m. den Gestaltern der Webseite zu senden, damit diese auf der Webseite veröffentlicht werden. Die Gestalter der Webseite hoffen auf ein reges Interesse und die Mithilfe von Emo-Gegnern. Mit folgendem Slogan werden Personen gesucht, die Werbung für die Seite betreiben, neue Mitglieder Werben und Hilfe durch unterstützende Maßnahmen anbieten.

„Der Kampf gegen die EMOS hat begonnen. Unterstützt diesen Kampf indem ihr alle Leute die ihr kennt auf diese Seite hinweist!"

4.2.5 Zusammenfassung

Durch dieses Verhalten stieg auch die Zahl der Emo-Gegner in Mexiko, bis es zu den im nächsten Kapitel beschriebenen Unruhen kam.

Immer mehr Personen und Gruppen fühlen sich durch Emos angegriffen und geben ihren Hass und ihre Fremdenfeindlichkeit im Internet frei. Ob durch Witze, Spiele, Karikaturen und Bilder oder Spiele, die die Jagd auf Emos beinhalten, werden immer mehr Menschen dazu aufgefordert sich gegen die ständig wachsende Emo-Kultur zu stellen. Welche Ausmaße dieser Hass noch annehmen wird, bleibt nur zu vermuten.

5 Auswirkungen von Hass und Abneigungen gegen Emos

In diesem Kapitel werde ich auf den Hass und die Abneigung, den Emos jeden Tag erleben müssen, näher eingehen. Die noch junge Jugendbewegung hier in Deutschland erfährt noch lange nicht so viel Hass und Fremdenfeindlichkeit, wie es Emos in anderen Ländern, wie Mexiko oder Chile, tun. Dies liegt auch daran, dass diese Jugendbewegung in Deutschland noch keine so große Anhängerschaft, wie in anderen Ländern gefunden und noch nicht so lange Bestand hat. Jedoch gibt es in Deutschland schon enorme Anzeichen von Hass, Diskriminierung und Fremdenfeindlichkeit gegenüber Emos. Bisher sind nur wenige Ereignisse bekannt, in denen Emos zu Opfern von Gewalttaten wurden, dennoch geben Geschehnisse aus anderen Ländern Anlass zur Beunruhigung in Hinsicht auf die Entwicklung der Emo-Kultur. Es stellt sich die Frage, wie weit dieser Hass, im Vergleich zu z.B. Mexiko, hier in Deutschland getrieben wird.

5.1 Gewalttätige Jagden auf Emos in Mexiko

In Mexiko ist diese Jugendsubkultur schon einige Jahre mehr und intensiver vertreten. Seit März 2008 gibt es immer wieder gewaltsame Zusammenstöße zwischen Emos und anderen Jugendkulturen, hauptsächlich Punks, Metaller, Gothics und Skater, aber auch andere Jugendliche sind an diesen Eskapaden beteiligt (HOFER 2008).

Viele Zeitungen in Mexiko, Artikel in deutschen Zeitschriften und Amateurvideos aus den Krisengebieten berichten aktuell über die Problematik jugendlichen Hasses und Hetzjagden in Mexiko gegen Emos.

Der Höhepunkt dieser Hetzjagden wurde erreicht, als sich alle oben zuvor genannten Jugendlichen in der zentral gelegenen mexikanischen Stadt Querétaro versammelten, um die Emos von ihren bekannten Treffpunkten zu verscheuchen. Hauptsächlich wurde verbale Gewalt angewendet, aber auch körperliche Übergriffe blieben nicht aus. Seitdem nehmen Übergriffe auf Emos nicht ab. Auch in anderen Bundesstaaten Mexikos kam es zu Übergriffen (ebd.).

Diese Hetzjagden können immer noch im Internet betrachtet werden. Es gibt etliche Internetseiten, wie z.B. auf der Homepage des Time-Magazins, www.time.com[32] oder www.youtube.com[33], auf denen die Übergriffe angesehen werden können.

Daniel Hernandez, ein amerikanisch-mexikanischer Journalist, beschreibt in einem Interview, dass einer der Kritikpunkte, die den Emos vorgeworfen werden, darin besteht, dass sie meist in der Mittel- oder Oberschicht leben. Sie müssen nicht arbeiten gehen, um ihr Outfit zu finanzieren. Jugendliche, die anderen Subkulturen angehören, wie Gruftis, Punks, Metaller, Skinheads oder Skater, kommen aus der Arbeiterklasse. Bei den Übergriffen in Mexiko spielten wohl die Elemente des Klassenkampfs eine große Rolle. Des Weiteren sollen Emos in Mexiko nicht echt oder authentisch erscheinen, denn sie haben anderen Subkulturen ihren Stil und ihre Musik geklaut (Akrap 2008: 1).

Durch die machistische Einstellung der mexikanischen Gesellschaft wird das Bild der Emos nicht verbessert, denn Homosexualität passt nicht in das mexikanische Gesellschaftsbild. Emo bedeutet nicht zugleich homosexuell zu sein, dennoch wollen sich viele Jugendliche dieser Subkultur sexuell noch nicht festlegen. Für Emo-Gegner war es ein Grund dafür das neue Schimpfwort „emosexuell"[34] zu kreieren, was sie der Bezeichnung „homosexuell" gleichsetzen (a. a. O.: 2).

5.2 Emos in anderen Ländern Europas

Mit einer ständig wachsenden Anhängerschaft der Emo-Bewegung in den letzten Jahren nahmen auch in Europa Gewalttaten gegen Emos zu. Bevor in diesem Kapitel auf die aktuelle Situation von Emos in Deutschland eingegangen wird, kann ein Einblick anhand von Zeitungs- und Zeitschriftenartikel auf das Ausmaß der Gewalt in der Schweiz, Österreich und in Russland gewonnen werden.

---

[32] Die genaue Adresse der Homepage lautet:
http://www.time.com/time/arts/article/0,8599,1725839,00.html?xid=feed-cnn-topics

[33] http://www.youtube.com/watch?v=WhvX95cU3ms
http://www.youtube.com/watch?v=Prb1rnNjQpI&feature=related

[34] Emosexuell: wurde für Emos entwickelt um Beide Begriffe, sowohl Homosexualität als auch Emo, in der Bezeichnung der Person zu beinhalten.

5.2.1 Schweiz

Auch in der Schweiz gab es schon Übergriffe auf Emos.

Im April 2008 wurden auf dem Schulhof des Basler Gymnasiums Bäumlihof Zwillingsbrüder, die der Emo-Kultur angehörten, Opfer gewalttätiger Handlungen. Aufgrund ihrer Kleidung und ihres Aussehens unterlagen sie Verletzungen, die im Krankhaus behandelt werden mussten (FISCHER 2008: 1). Die Basler Jugendarbeiter berichten, dass sie des Öfteren schon von Angriffen auf Emos Kenntnis genommen hätten, die sich bis zu diesem Zeitpunkt jedoch nur verbal äußerten. Doch dies war der erste Übergriff der gewalttätig endete, welcher in der Schweiz Anlass gab, sich weiterhin mit dem Phänomen „Emos" zu beschäftigen. Schweizer Jugendexperten befürchten mittlerweile, dass sich die gewalttätigen Ausschreitungen, die in Mexiko vorgefallen waren, in der Schweiz wiederholen könnten. (a. a. O.: 2).

5.2.2 Österreich

Der österreichische Nachrichtendienst (Kurier 2009) titelte mit der Überschrift „Minderjährige raubten Emos aus". Auch in Österreich sind Emos bei den übrigen Jugendlichen nicht sonderlich beliebt. Zwei mit Messern bewaffnete 14-jährige Jungs bedrohten und raubten auf einer Wiener Einkaufstraße neun Jugendliche aus. Die Übergriffe fanden an unterschiedlichen Tagen statt. Letztendlich wurden die Jugendlichen gefasst und gaben an, sich Emos ausgesucht zu haben, da sie von diesen, nach ihrem Erscheinungsbild und den Vorurteilen zufolge, wenig Gegenwehr zu erwarten hatten.

Emos sind mittlerweile auch häufig in Österreich vertreten und von den übrigen Jugendlichen wenig toleriert.

5.2.3 Russland

Russland sieht eine ganz andere Herausforderung in dem aufkommenden Phänomen des Emo-Kults. Weniger Empathie und Erforschung sollen auf diese Bewegung eingehen. Russland will mit radikaleren und mit der sozialpädagogischen Sicht nicht im Einklang stehenden Maßnahmen handeln.

Ein Gesetzesentwurf soll dafür sorgen, dass sich die Jugendlichen ihrem Kult, vor allem äußerlich, in der Schule und öffentlichen Gebäuden nicht mehr widmen dürfen.

Zusätzlich sollen der Subkultur angehörende Webseiten aus dem Internet genommen werden. Angeblich würde die Bewegung gerade unter weiblichen Jugendlichen Depressionen und sozialen Rückzug fördern (LAUT 2008: 1). Ein weiter Grund für diese Verbote wird zukunftsorientiert beschrieben:

> *„Die Gesetzesvorlage soll dafür sorgen, dass im Jahr 2020 ein regierungsfähiges Staatsoberhaupt in Moskau sitzt."*

> (MOSKAW TIMES IN LAUT)

Die konservative, russisch-orthodoxe Kultur, die in Russland herrscht, gilt als maßgebend und mit als ein Grund für die Ängste der Regierung. Dabei ist es die Verwestlichung der eigenen Kultur, vor der die Regierung und deren Parlamentarier sich fürchten. Um bei originären russischen Verhältnissen bleiben zu können, versuchen sie meist radikal die Gegebenheiten zu regulieren (JASCHENSKY 2008).

6 Emos in Deutschland

Die momentane Lage der Emos in Deutschland ist bisher noch überschaubar. Vor allem in den größeren Städten finden sich immer häufiger Gruppierungen von Emos. Meist sind sie an Bahnhöfen und bestimmten Plätzen der Städte zu finden. So auch am Stuttgarter oder Ulmer Bahnhof. Eine große Anzahl von Emos findet man mittlerweile auch am Berliner Alexanderplatz. Dort sind auch andere Jugendsubkulturen, wie Gothics, Skater und Punks anzutreffen. Allerdings werden auch dort Emos nicht willkommen geheißen. Während einer Reportage auf dem öffentlich-rechtlichen Sender ARD, in der Emos auf dem Berliner Alexanderplatz interviewt werden, läuft ein Gothic-Anhänger flüchtig durchs Bild und beschimpft die deutlich an ihrem Aussehen zu erkennenden Emos mit den Worten: „Emos sind hässlich und stinken!" Ohne jeden Grund ruft dieser den Emos diese Aussage entgegen. Auch hier in Deutschland nimmt sowohl die Anhängerschaft als auch der Hass gegen die Emos ständig zu. Weiter heißt es, dass Emos, durch ihr „zusammengeklautes", „neues" und „grelles" Aussehen andere Jugendliche provozieren. Jedoch beschränkten sich bisher die Attacken gegen Emos in Deutschland auf verbale Gewalt. Es ist „noch" kein Fall bekannt in dem körperliche Gewalt gegen Emos verübt wurde. Doch die zuvor beschriebenen Internetseiten, geben Anlass sich nicht auf der momentanen Situation auszuruhen, sondern weiterhin das Phänomen „Emo" zu beobachten. Wenn sich Jugendliche weiterhin, sei es im virtuellen als auch im reellen Leben, gegen Emos äußern und weitere Jugendliche dazu motivieren können, könnte der ständig wachsende Hass gegen diese Jugendbewegung auch in Deutschland Ausmaße wie in Mexiko annehmen.

In jeder etwas größeren Stadt Deutschlands gibt es mittlerweile so genannte „Emotreffen". Diese Emotreffen sind im Internet durchorganisiert. Z.B. beschrieben auf der Straße in Freiburg anzutreffende Emos, dass sich dort lebende Emos an jedem dritten Samstag im Monat auf einem größeren Platz in der Stadt treffen, um neue Leute kennen zu lernen und die neusten Emo-Trends auszutauschen. Ein weiteres Beispiel ist München, dort treffen sich Emos jeden Samstag um 14:00 Uhr auf dem Marienplatz. Werbung, damit so viele Emos wie möglich an diesen Tagen erscheinen, wird im Internet betrieben. Unter den gängigsten Emoseiten- bzw. Chats, wie www.emospace.net oder www.emostar.de werden diese Daten bekannt gegeben.

Ein Leichtes ist es, zu erfahren wo und wann das nächste Emotreffen stattfindet. Auf der Internetsuchmaschine „google" kann durch Eingabe des Begriffs „Emotreffen" und der jeweiligen Stadt, herausgefunden werden an welchem Platz in der Stadt, zu welchem Tag und welcher Zeit sich das nächste Emotreffen ereignen wird.

Die aktuelle Situation der Emos in Deutschland ist somit ähnlich wie in anderen Ländern, dennoch können Unterschiede erkannt werden. Zwar werden auch in Deutschland Emos von Emo-Gegnern verbal attackiert, doch bisher eher im virtuellen Bereich, dem Internet. Es kann nicht davon ausgegangen werden, dass es bei der bisher zwar ablehnenden, aber tolerierenden Meinung anderer Jugendsubkulturen und der Gesellschaft bleibt, dennoch haben Emos im Moment noch die Möglichkeit ihren Emo-Kult frei und öffentlich auszuleben.

7 Vorurteile, Fremdenfeindlichkeit und Diskriminierung

7.1 Definition

Da Emos von jeder Menge negativen Vorurteilen und darüber hinaus von Diskriminierung und Fremdenfeindlichkeit betroffen sind, ist es wichtig näher auf deren sozialpsychologischen Hintergrund einzugehen.

In den nächsten Punkten werden sowohl Vorurteile als auch die Diskriminierung definiert und ihre Entstehung näher erklärt. Danach ist die Entstehung von Fremdbildern und Fremdenfeindlichkeit über einen Weg von Vorurteilen und Diskriminierung über Stereotype zu finden.

7.1.1 Vorurteile

„Vorurteile sind Urteile bzw. Aussageformen über Personen und Personengruppen, die falsch, voreilig, verallgemeinernd und klischeehaft sind, nicht an der Realität überprüft wurden, meist eine extrem negative Bewertung beinhalten und stark änderungsresistent, d.h. durch neue Informationen nur schwer oder kaum zu modifizieren sind und sich somit durch eine bemerkenswerte Stabilität auszeichnen."

(WATSON 1947 in SOZIALPSYCHOLOGIE 2003: S. 111)

Vorurteile entstehen meist durch negative Inhalte die sich aufgrund sozialer Einstellungen verfestigen. In der Regel wird der Begriff Vorurteil nur für negative und extreme Einstellungen benutzt. Aufgrund von Aussagen und anderer Reaktionen, werden Einstellungen und Handlungsweisen sozialer Objekte öffentlich nicht akzeptiert. Diese sozialen Objekte werden durch Personen, Personengruppen und ethnische Minderheiten, aber auch durch soziale Sachverhalte, wie Politik, Religion und Schule definiert (a. a. O.: 112). Zu beachten ist, dass Vorurteile auch immer eine Aussage über den Beziehungsaspekt sozialer Gruppen und deren Mitglieder kreieren (WATZLAWICK et. al. In SOZIALPSYCHOLOGIE 2003:112).

Hinsichtlich der Emos ist das größte und am häufigsten thematisierte Vorurteil, dass sich alle Emos selbst verletzen und schwul seien. Abwertende Haltungen gegenüber diesen Themen sind nicht weniger häufig in der gesamten Gesellschaft zu beobachten. In den vergangenen Jahren entwickelten sich zwar das Bild über und die Toleranz gegen homosexuelle Personen zum Positiven. Dennoch ist eine distanzierende Haltung zusammen mit Unverständnis und Ekel ausdrückenden Kommentaren, von vielen Mitgliedern unserer Gesellschaft gegenüber den Personen, die ihre Homosexualität ausleben, zu beobachten. Dem gleichen Unverständnis begegnen Personen, die sich selbst verletzen. Viele Menschen unserer Gesellschaft wissen nicht, wie sie mit diesem Thema umgehen sollen und distanzieren sich. Dies geschieht bei diesem Thema eher in stillem Rückzug.

Vor Emos dagegen halten sich andere Jugendkulturen und die Gesellschaft mit Vorurteilen nicht zurück. Titel und Themen in Zeitungen wie „Emo cult warning for parents[35]"(SANDS 2006) sprechen Eltern an, dafür zu sorgen, dass ihre Kinder sich nicht in Emos verwandeln, da sie sich sonst selbst verletzen und darüber hinaus wahrscheinlich Selbstmord begehen würden. Manche außenstehenden Jugendlichen fragen sich, sobald sie einen Jugendlichen, der dem Emo-Kult angehört, sehen, wie lange er wohl braucht um sich so tief oder korrekt zu ritzen, bis er daran stirbt. Auch sie gehen davon aus, sobald sie einen Jugendlichen Emo sehen, dass dieser sich selbst verletzt.

Zu betonen ist auch, dass durch die Zuschreibung von Vorurteilen das Verhalten, nicht denken zu müssen oder zu wollen, entstehen kann und somit der eigene Eindruck, wenn überhaupt nur einen geringen Stellenwert in der Meinunsbildung einnimmt. Man wird immun gegenüber Tatsachen und Argumenten. Vorurteile haben somit auch eine entlastende Wirkung (vgl. RIEPE 2001: 126).

7.1.2 Diskriminierung

Diskriminierung wird auf Soziales bezogen. Sie findet ihre Anwendung in schädigender und negativer Bewertung, sowie in Herabsetzung, Unterdrückung, Benachteiligung, Entwertung des unterschiedenen, getrennten Teils eines Ganzen (DAUB 1997: 224). Diese soziale Diskriminierung schließt immer einen Akteur, der die Rolle des Diskriminators einnimmt, und eine Zielperson oder Zielgruppe mit ein. Diskriminierung kann sich durch ein bestimmtes Handeln oder Unterlassen,einer Verhaltenweise oder Aktion, wie z.B. Ignorieren, äußern (SOZIALPSYCHOLOGIE 2003: 115). Bei der sozialen Diskriminierung liegt das Ziel oft nicht in einer direkten Konversation mit dem Opfer

---

[35] Warnung der Eltern vor dem Emo-Kult

sondern es wird in dessen Abwesenheit über es gesprochen. Es wird meist vermieden, direkt mit der Zielperson oder Zielgruppe in Kontakt zu treten (a. a. O.: 118).

In der Sozialpsychologie wird zwischen fünf Funktionen der sozialen Diskriminierung unterschieden:

1. Diskriminierung als Separation
2. Diskriminierung als Distanzierung
3. Diskriminierung als Akzentuierung
4. Diskriminierung als Evaluierung
5. Diskriminierung als Stereotypisierung bzw. Fixierung

(a. a. O.: 116 ff.).

Die fünf Funktionen hinsichtlich Emos:

1. **Diskriminierung als Separation** geschieht dann, wenn die eigene Gruppe von der Fremdgruppe unterschieden und/oder hervorgehoben wird (ebd.). Punks z.B. bezeichnen sich als „original" und Emos als „unecht" bzw. „Fälschung".

2. **Diskriminierung als Distanzierung** entsteht nach einer vorhergegangenen Gruppierung von Sachverhalten, Objekten oder Menschen, durch die Schaffung eines räumlichen oder ideellen Abstandes. Auch Wörter, die nicht nur die Gruppe distanziert, sondern auch ihre Menschenwürde herabsetzen, fallen darunter (ebd.). Emos werden derzeit als „Die neue geklaute Jugendkultur" oder „die traurigen Jugendlichen" bezeichnet.

3. Bei der **Diskriminierung als Akzentuierung** werden die Personen oder Personengruppen, die zuvor abgesondert und distanziert wurden, hervorgehoben und unterstrichen. Es werden die Unterschiede in Haufarbe, Rasse, Auftreten oder anderen Aspekten in den Vordergrund gehoben, wobei eher den Unähnlichkeiten als den Ähnlichkeiten Aufmerksamkeit geschenkt wird. Dies führt zu einer Überbetonung der Differenzen, die zwischen den Gruppierungen bestehen (vgl. ebd.). Verbal wirken folgende Äußerungen wie: „Punks" gegen „Emos" oder „Gothics" versus „Emos".

4. **Diskriminierung als Evaluierung** findet dann statt, wenn Bewertungen vorgenommen und Reaktionen gegenüber den sozialen Kategorien formuliert werden. Hierbei werden die gegenüberstehenden Gruppen abgewertet und die Werte der eigenen Gruppe und der eigenen sozialen Identität erhöht (vgl. a. a. O.: 117). Äuße-

rungen finden ihre Formen bezüglich Emos als „PokEmoNs[36]", „Selbstmordgefährde-te" und „Heulsusen"[37].

5. **Diskriminierung als Stereotypisierung** bzw. Fixierung finden dann statt, wenn durch eine Zuschreibung von spezifischen Eigenschaften oder Typisierung der Prozess der sozialen Diskriminierung abgerundet wird. Personen oder Personen-gruppen werden nicht mehr als individuelle Personen oder Gruppen behandelt, sondern als typisches Mitglied einer Außen- bzw. Fremdgruppe gesehen. Des Weiteren werden diesen Gruppen oder Personen bestimmte Eigenschaften, die meist negative Formen tragen, zugeschrieben, damit Unterschiede zur eigenen Person deutlich werden. Dies wird als „Labeling"[38] bezeichnet (vgl. ebd.). Auch für Emos gilt dies, sie tragen die „label" traurig, depressiv, selbstverletzend, homosexu-ell, still, düster und dumm.

7.1.3 Von Vorurteilen über Stereotype zu Fremdbildern und Fremdenfeindlichkeit

Insgesamt sind Vorurteile aber wichtig, um im Alltag handlungsfähig zu sein. Einstel-lungen, Einschätzungen und Orientierungsmuster sind Formen, die dabei behilflich sind. Dies sind meist harmlose Fähigkeiten, die dem einen nützen, ohne dem ande-ren zu schaden. Zu unterscheiden und wichtig zu betrachten, sind die Vorurteile, die gegenüber Fremden z.B. den Frauen, Männern, Menschen mit Behinderung oder der heutigen Jugend gemacht werden, um sie auszugrenzen oder zu Sündenböcken zu machen (vgl. RIEPE 2001: 125).

Meist tritt aber nicht nur ein Vorurteil über eine bestimmte Person oder Gruppe auf, sondern mehrere, die zusammengetragen werden. Dieses Bündel zusammengetrage-ner Vorurteile wird Stereotyp genannt. Weit verbreitet sind Stereotype, die sowohl positive als auch negative Vorurteile über Völker oder Gruppen zu einem Gesamtbild kreieren. Beispiele dafür können sein: „die Engländer", „die Asiaten" oder „die Türken" (vgl. a. a. O.: 127). So ergeht es natürlich auch dieser neuen Jugendsubkultur. Aller-dings wird das Stereotyp „die Emos" durch überwiegend negative Vorurteile gebildet.

---

[36] Ein Ableitung albernen Trickfilmfiguren aus Kinderserien.

[37] Ohne weiteren Grund, ständig weinende Personen.

[38] Label = enlg. Zeichen, Marke. Labeling bedeutet einer bestimmten Marke zugeschrieben, oder zu einer bestimmten Kategorie zugeschrieben zu sein.

Kollektiv erzeugen Vorurteile durch Massenmedien, Politiker oder Erzieher, Feindbilder. Einzelne Personen haben nicht die Möglichkeit sich von der Richtigkeit der Vorurteile selbst zu überzeugen und sind somit von deren Behauptungen abhängig. Diese Vorurteile müssen dem Empfänger das Gefühl geben, der Realität zu entsprechen. Allerdings entstehen diese Vorurteile nicht ohne einen Hintergrund oder eine Vorgeschichte. Meist knüpfen sie an schon vorhandene, aber unsichtbare Vorurteile an (vgl. a. a. O.: 128).

Durch die Gemeinsamkeit von Vorurteilen und Stereotypen, die in der Abgrenzung des „Eigenen" gegenüber dem „Fremden" besteht, wird bestimmt wer zum „Eigenen" gehört und wer nicht. Wer anders wahrgenommen wird, kann zu einer Irritation oder gar Bedrohung werden (vgl. KRICKAU 2002: 65). In jedem Fall wird die Person oder Gruppe in ihrer Andersartigkeit als das Fremde und somit als „Fremdbild" bezeichnet. Dieses Fremdbild führt oft zu einer Fremdenfeindlichkeit.

Wenn der Begriff „Fremdenfeindlichkeit" seine Anwendung findet, wird mit diesem meist „Ausländerfeindlichkeit" gemeint, wobei Fremdenfeindlichkeit auch auf andere Personen oder Gruppen bezogen werden kann. Denn Hass und Gewalt richten sich auch gegen Deutsche mit anderem Aussehen oder Verhalten (vgl. Piepe 2001: 129). Wenn über das Verhalten der Fremdenfeindlichkeit gesprochen wird, wird dem Anwender eine angeborene Furcht vor dem Fremden unterstellt. Allerdings wurde diese Furcht wissenschaftlich nie untersucht (vgl. a. a. O.: 130).

Häufig wird in der Vorurteilsforschung auf die Südenbocktheorie zurückgegriffen, um eine Erklärung für die Entstehung von Vorurteilen zu liefern. Um sich selbst nicht für ihr eigenes Versagen verantwortlich zu machen, lassen Menschen immer wieder ihre Feindseligkeit an „Sündenböcken" aus. Hass und Wut werden gegen Personen gerichtet, die nichts mit dem Ursprung ihrer Befürchtungen oder Ängste zu tun haben. Nach GIDDENS (1995) findet diese Theorie oft dann ihre Anwendung, wenn benachteiligte Gruppen aufeinander stoßen, um etwas erreichen zu wollen (vgl. WÜRTZ 2000: 79). So ergeht es auch Emos, die auf andere Subkulturen treffen, die angeben, Emos haben sie ihrer Zeichen und ihrem Stil beraubt.

Ablehnende Einstellungen gegenüber Personen, die nicht als Mitglieder der eigenen Gruppe wahrgenommen werden, werden somit als Fremdenfeindlichkeit definiert. Diese Einstellungen sind der Ursprung für Diskriminierung. Diskriminierung beginnt mit absichtlich geplanter Benachteiligung und verbalen Demütigungen und kann bis hin zu gewalttätigen Übergriffen führen (HADJAR 2004; 10).

Wie in Kapitel drei zuvor beschrieben, ist es demnach nachzuvollziehen, dass vor allem Punks und Gothics eine ablehnende Haltung gegenüber Emos einnehmen. Sie fühlen sich, durch das teilweise Kopieren von Markenzeichen, Style usw., um Teile ihrer Kultur beraubt, was die Fremdenfeindlichkeit gegenüber Emos, nicht nur durch ihre Andersartigkeit, hervorruft und steigert.

8 Selbstverletzendes Verhalten

„Alle Emos ritzen sich!" ist ein Vorurteil, das Emos über sich ergehen lassen müssen, ob sie selbst dieses Vorurteil bestätigen oder nicht. In Zeitschriften, Zeitungsartikeln und auf Homepages wird diese Voreingenommenheit meist von Emo-Gegnern ausgesprochen und verbreitet. So schreibt z.b. HÖLL (2008) in der Internetausgabe der Zeitschrift Max, dass in den Augen anderer Subkulturen Emos als diejenigen gelten, die sich regelmäßig die Arme aufritzen.

Auf öffentlichen Plätzen, wie z.b. dem Alexanderplatz[39] in Berlin, auf dem sich Emos und andere Jugendkulturen Tag für Tag versammeln, sind Rufe wie „Ritze, Ratze, Emo!" zu hören (HÖLL: 2008). Selbst auf Seiten, die für Emos gemacht sind, stößt man auf das Thema selbstverletzendes Verhalten. Will man sich bei einer der größten Emo-Seiten „www.myemo.net" als Mitglied registrieren lassen, muss man zuerst die Allgemeinen Geschäftsbedingungen bestätigen, in denen geregelt ist, dass auf dieser Seite kein Forum oder Blog mit den Themen „selbstverletzenden Verhalten" oder „Ritzen" eröffnet oder geteilt werden dürfen.

Durch die Eingabe der Begriffe „Anti-Emo" oder sogar nur „Emo" in der internationalen Suchmaschine „google", erscheinen in der Bildersuche etliche Bilder und Sprüche die sarkastisch das selbstverletzende Verhalten der Emos beschrieben. So ist z.B. auf einem Bild ein Mann zu sehen, der seinen Rasen mäht und darunter steht der Text *„I wish my lawn was emo, so it would could itself"*[40] (http://www.insignificantthoughts.com/files/emo.gif).

Bekannte deutsche Rapper veröffentlichen Lieder mit Textzeilen wie *„Die Haarschnitte und die Schnitte in den Bodys sind gleich.", „Die Augenlieder geschminkt, du spielst gern mit Klingen..."* oder *„Mach einfach Schluss mit nem Schnitt:"* (GIN TONIK FEAT. INFEKT: 2008; SEITE 44).

Unzählige Amateurvideos bei www.youtube.com, die meist von irgendwelchen anderen Jugendlichen zuhause aufgenommen wurden, zielen darauf ab, sich über Emos lustig zu machen und sich über das selbstverletzende Verhalten der Emos beleidigend auszulassen. Selbst makabere Witze wie *„Welches ist das Lieblingshotel*

---

[39] Alexanderplatz: zentraler und bekannter Platz in Berlin.

[40] Aus dem englischen übersetzt: Wenn mein Rasen Emo wäre, würde er sich selbst schneiden.

eines Emos? Das Ritz!"[41] (PHILSLAUS 2007), die sich über das selbstverletztende Verhalten lustig machen, bleiben nicht aus.

Schon ECKHARDT (1994: 98) beschreibt, dass selbstschädigendes Verhalten bei Angehörigen, Freunden und Partnern der Betroffenen oft Reaktionen und Gefühle auslöse. Angst, Schuld, Hilflosigkeit, Wut und Ekel gehören dazu. Heute stößt das Phänomen des selbstverletzenden Verhaltens auf neue Reaktionen. Hass, Abneigung und Unverständnis wird gegenüber sich ritzenden Emos kundgetan.

Durch die abwertende Haltung gegenüber des selbstverletzenden Verhaltens und vor allem die Vorurteilsbildung, dass es zum Emo-Sein dazu gehört, darf dieses Thema bei dieser Arbeit nicht ausbleiben.

In diesem Kapitel wird auf die Definition, Formen und Vorraussetzungen des selbstverletzenden Verhaltens eingehen. Des Weiteren wird die Häufigkeit bei der allgemeinen Jugend und der Emos beschreiben.

8.1 Definition

Selbstverletzung beschreibt einen wesentlichen Teil des Köpers, an dem durch einen Akt schwerer Schaden angerichtet wird, indem wesentliche Teile eines Ganzen abgeschnitten oder verändert werden. In den meisten Fällen wird mit einem Messer oder einer Rasierklinge in die Haut geschnitten. Es werden aber, bei bedürftigen Situationen, alle möglichen, in reichweite liegenden Gegenstände, wie z.B. Scheren oder Kronkorken benutzt. Dieses selbstverletzende Verhalten kann auch durch Verbrennung bestimmt werden. Diese Verletzungen können durch Zigaretten, Streichhölzer, Bügeleisen oder heiße Wasserkessel zugefügt werden. Zusätzlich werden auch Reinigungsmittel oder andere Chemikalien benutzt um sich Verätzungen zuzufügen (LEVENKRON 1998: 21). Zwar wird zwischen einer kulturell verankerten, alltäglich akzeptierten und krankhaften Selbstschädigung unterschieden, die Grenzen beider Typen jedoch sind fließend (ECKHARDT 1994: 13).

Selbstverletzendes Verhalten ist ein Phänomen, das schon seit längerer Zeit Bestand hat. Es gibt einige Bespiele von Berichten, die schon einige hundert Jahre zurück liegen. So haben christliche Geißler, kurz nach dem Tod Christus angefan-

---

[41] Philslaus: Ein Benutzer, der auf der Anti-Emo-Seite www.anti-emos.de diesen Witz veröffentlicht hat.

gen, sich selbst auszupeitschen, um Buße zu tun. Praktiken die in italienischen, sich selbst kasteienden Bruderschaften im 13. Jahrhundert entstanden, zogen sich bis Deutschland (LEVENKRON 1998: 18). In weiteren unterschiedlichen Kulturen wurde absichtlich eine Beschädigung des Körpers durchgeführt, um bestimmten Schönheitsidealen zu entsprechen. So ließ man sich im alten Ägypten die Köpfe oder Frauen in China ihre Füße verformen. In Afrika fügen sich Personen noch immer Narben an Armen zu (ACKERMANN 2007: 15).

Selbstverletzendes Verhalten ist also seit jeher auf die unterschiedlichsten Kulturen zurückzuführen. Auch in unserer heutigen westlichen Kultur findet man selbstverletzendes Verhalten in einer alltäglichen Form.

Alltäglich akzeptiertes selbstverletzendes Verhalten ist die indirekte Form, seinem Körper Schaden zuzufügen. Personen finden sich mit einer Verletzung ihres Körpers ab, um sich z.B. Schönheitsoperationen zu unterziehen. Auch das Auszupfen von Härchen, Tätowierungen, Piercings, ja sogar das extreme Bräunen der Haut oder Extremsportarten gehören dazu (ebd.).

Doch die Form, um die es sich bei den Jugendlichen und Erwachsenen handelt, die sich Schnitte an Armen und anderen Körperteilen zufügen, ist die krankhafte Selbstverletzung. Wird über Emos und deren selbstverletzendes Verhalten gesprochen, ist nicht von einer alltäglich akzeptierten Form die Rede, sondern von einer krankhaften Form. Dies bestätigt auch die in Kapitel neun evaluierte Umfrage, Emos ritzen sich nicht um einem bestimmten Ritual zu dienen, einem Ideal nachzueifern oder zu einer bestimmten sozialen Gruppe angehören zu können. In den weiteren Punkten wird die krankhafte Form der Selbstverletzung beschrieben und inwiefern sie auf Emos zutrifft.

8.2 Formen der Krankhaften Selbstverletzung

Auch die krankhafte Selbstverletzung muss in zwei unterschiedliche Kategorien unterteilt werden. Zum einen ist es „die offene Selbstverletzung" zum anderen „die heimliche Selbstverletzung" (ECKHARDT 1994: 41).

Allerdings muss beachtet werden, dass die Grenze zwischen den zwei Bereichen nicht genau gezogen werden kann, sondern dass sie eher fließend ineinander übergehen (HÄNSLI 1996: 33).

8.2.1 Die offene Selbstverletzung

Unter offener Selbstbeschädigung wird das wiederholte Verletzen des eignen Körpers bezeichnet. Im Vordergrund steht hierbei jedoch nicht die bewusste Absicht des Selbstmordes. Bei dieser Art der Selbstverletzung geht es den anwendenden Personen nicht darum die Patientenrolle einzunehmen und eine Krankheit oder Verletzung vorzutäuschen, sondern sie stellen ihre Verletzung und ihr Leiden in den Vordergrund (Eckhardt 1994: 42).

Grob unterschieden wird die leichte von der schweren Form, wobei auch hier die Übergänge fließend sind. Die leichte Form der offenen Selbstbeschädigung beinhaltet meist oberflächlich hinzugefügte Hautverletzungen, die in der Regel keiner operativen Eingriffe bedürfen. Die schwere Form äußert sich durch tiefere und teils schwierigere Hautverletzungen, die gelegentlich operativ versorgt werden müssen, abzugrenzen (ebd.). FAVAZZA unterscheidet genauer unter der „schweren", „oberflächlichen und mittelschweren" und „stereotypen" Selbstverletzungen (PETERMANN, NITKOWSKI 2008: 1017).

Folgendes Schaubild gibt Aufschluss über die drei verschiedenen Kategorien.

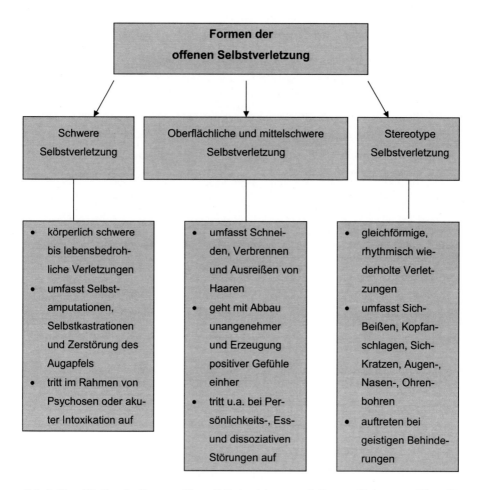

Abb. 6: Klassifikation der Formen offener Selbstverletzung nach Favazza (Petermann, Nitowski 2008, S. 1017).

8.2.1.1 Methoden und Gebrauchsgegenstände

Es gibt verschiedene Methoden, um sich selbst zu verletzen. PETERMANN und NATOWSKI (2008) beschrieben folgende Methoden, um sich selbst zu verletzten:

- Schneiden/Ritzen
- Kratzen
- Kneifen
- Schlagen/Anschlagen
- Ausreißen von Haaren
- Beißen

- Störung der Wundheilung
- Verbrennen/Verbrühen
- Versuche, sich die Knochen zu brechen

Vor allem bei Jugendlichen und Erwachsenen ohne Behinderung ist das Schneiden oder Ritzen der Haut die am häufigsten verwendete Methode, um sich selbst zu verletzen (PETERMANN, NATOWSKI 2008: 1017).

Schnittwunden werden auf Armen, Beinen, Bauch oder Brust zugefügt. Um sich diese Schnitte auf der Haut zuzufügen, werden meist Rasierklingen, Messer, Scherben und Scheren verwendet. Es werden jedoch auch andere spitze Gegenstände benutzt (ECKHARDT 1994: 42). Die Umfrage, die in Kapitel 9 genauer evaluiert wird zeigt, dass vor allem bei Schülern, der Zirkel ein oft benutztes Utensil ist um sich Schnitte zuzufügen. Für Schüler liegt der Zirkel oft schnell zur Hand, da dieser zu den normalen Schulutensilien gehört.

8.2.2 Die heimliche Selbstverletzung

Die heimliche Selbstverletzung wird als Erkrankung diagnostiziert, wenn das zentrale Symptom eines Menschen darin besteht, körperliche und/oder seelische Krankheitssymptome vorzutäuschen oder künstlich zu erzeugen, um in Krankenhäusern einen Patienten darzustellen und sich aufnehmen zu lassen (ECKHARDT 1994: 45).

Wird diesen Personen erst einmal einer Aufnahme im Krankenhaus zugestimmt, gelingt es ihnen meist, die Ärzte dazu zu bringen, komplizierte Untersuchungsmethoden anzuwenden und Operationen durchzuführen (ebd.). Krankheitssymptome können von den Personen prinzipiell an allen Körperteilen und -bereichen vorgetäuscht und künstlich erzeugt werden. Die am häufigsten vorkommenden Krankheitsbereiche sind folgende:

- Margen-Darm-Trakt

  (Bauchschmerzen und Übelkeit, angebliches Übergeben)
- Niere und ableitende Harnwege

  (Durch Angabe von Schmerzen in der Lendengegend, die in die Leiste ausstrahlen, werden Nierenkoliken vorgetäuscht.

  Vorgeben von Nierensteinleiden durch Herbeiführen von Steinen im Urin, mit Hilfe von Einführung von Steinen in die Harnröhre.)

Zusätzliche werden Symptome in folgenden Bereichen erzeugt oder vorgetäuscht:

- Blutbildende Organe und Blutzellen
- Herz
- Lunge
- Haut
- Fieber
- Stoffwechsel
- Schilddrüse
- Gelenke und Muskeln

(a. a. O.: 1994: 46ff.).

8.3 Funktionen und Häufigkeit von selbstverletzendem Verhalten

Bei diesem Punkt werde ich auf die Häufigkeit und die Funktionen von selbstverletzendem Verhalten eingehen. Zwei wichtige Punkte, um ein Verständnis für ein solch selbstverletzendes Verhalten zu bekommen.

8.3.1 Häufigkeit

Selbstverletzendes Verhalten ist in der Allgemeinbevölkerung keine Seltenheit. Dennoch ist bei einer Untersuchung der Prävalenz zu erwähnen, dass das Phänomen selbstverletzendes Verhalten häufiger bei Jugendlichen als bei Erwachsenen auftritt.

Es ist schwer genaue Zahlen zu liefern, welche selbstverletzendes Verhalten und die Allgemeinbevölkerung beschreiben. Anhand einer geringen Anzahl durchgeführter Studien können Einblicke in die Häufigkeit und Prävalenz des selbstverletzenden Verhaltens gegeben werden.

In den Jahren 2004/2005 führte die Universitätsklinik für Kinder und Jugendpsychiatrie Heidelberg zusammen mit dem Heidelberger Gesundheitsamt und der Pädagogischen Hochschule Heidelberg eine Umfrage an 5500 Schülern durch, die neben Alkohol- und Tabakkonsum und Diät-Erfahrung auch Daten von selbstverletzendem Verhalten liefern sollte. Durchgeführt wurde die Umfrage in der Klassenstufe neun. Schüler in dieser Klassenstufe befinden sich zwischen dem 13. und 15. Lebensjahr. Befragt wurden Förder-, Haupt-, Realschüler und Gymnasiasten.

Die Auswertung ergab, dass rund elf Prozent der Jugendlichen im Alter von ca. 14 Jahren sich ein- bis dreimal im Jahr Verletzungen zufügen. Mehr als vier Prozent wiesen sogar eine häufigere Anwendung auf. Des Weiteren ergab die Umfrage, dass Mädchen doppelt so häufig wie Jungen betroffen sind (RESCH 2005).

FAVAZZA et al. (1998 zit. N. ECKHARDT 1994: 43 ff.) stellten aufgrund einer amerikanischen Umfrage fest, dass sich von 100.000 Personen 750 pro Jahr selbst verletzen. Dies entspricht einem Prozentsatz von 0,75%. Dazu kommt, dass es sich bei 83% der 750 sich selbst verletzenden Personen um Frauen handelte.

Insgesamt liefern die unterschiedlich durchgeführten Umfragen bezüglich selbstverletzenden Verhaltens Alterstrukturen im Jugendalter auf. So lag das am häufigsten auftretende Alter bei den Umfragen von FAVAZZA et al., bei 20-30 Jahren, als auch nach Koch bei 16-25 Jahren und nach HERPERTZ und Saß 15-35 Jahren (ACKERMANN 2007: 28).

8.3.2 Funktionen

Gründe warum vor allem Jugendliche sich oft selbst verletzen, liegen u.a. meist in vorausgegangenen familiären Schwierigkeiten, gescheiterten Partnerschaften oder Missbrauchserlebnissen (PETERMANN, NATOWSKI 2008: 1020). Um einem Abbau einer psychischen Spannung, Verminderung von Angst, Wut und depressiven Gefühlen behilflich zu sein, kann selbstverletzendes Verhalten zur Emotionsregulierung eingesetzt werden. Positive Gefühle der Kontrolle, Entspannung und Ruhe können auftreten. Gleichzeitig kann aber auch ein Schamgefühl entwickelt werden (ebd.). Durch das selbstverletzende Verhalten wird das Ziel der Einwirkung auf das emotionale Befinden verfolgt. So lassen sich z.B. auch die Wut auf die eigene Person befriedigen oder unangenehme soziale Bedingungen beenden und positive äußere Zustände herstellen (a. a. O.: 1021).

Durch Vergleiche verschiedener Ergebnisse empirischer Studien wurde festgestellt, dass vor allem das Emotionsregulations-, sowie das Selbstbestrafungsmodell zutreffen (ebd.).

8.4 Abgrenzung zur Suizidalität

Durch die oben beschriebenen Formen und Funktionen des selbstverletzenden Verhaltens ist klar eine Grenze zu suizidalem Verhalten gezogen.

Zwar weisen selbstverletzendes und suizidales Verhalten in ihrer Erscheinung durch die absichtliche Beschädigung des Körpers Gemeinsamkeiten auf, doch können beide Phänomene voneinander getrennt werden. Vor allem im Bereich der Funktion ist ein gravierender Unterschied festzustellen. Während es suizidale Verhaltensweisen auf die Beendigung des eigenen Lebens abgesehen haben, werden oberflächliche und mittelschwere Verletzungen durchgeführt, um negative Gefühle zu reduzieren oder positive hervorzurufen (PETERMANN; NATOWSKI 2008: 1020).

8.5 Selbstverletzendes Verhalten bei Emos

Selbstverletzendes Verhalten ist ein Phänomen, das in ganz Deutschland, zwar hauptsächlich bei Jugendlichen, dennoch in allen Altersgruppen, vorkommt. Da gerade viele Jugendliche, die dem Emo-Kult angehören, selbst verletzten, stellt sich die Frage, warum dieses Phänomen gerade in dieser Jugendsubkultur häufiger als in anderen auftritt. Bisher gibt es keine empirischen Untersuchungen zu diesem Thema. Hintergründe, warum das Phänomen „selbstverletzendes Verhalten" häufig bei Emos aufzufinden ist, können nur vermutet werden.

Zuerst einmal ist zu erwähnen, dass sich ritzende Jugendliche nicht automatisch den Emos zugeordnet werden können. Antworten von anderen Jugendlichen, die man auf der Straße oder im Bekanntenkreis nach Emos befragt, lauten meist: „Ach, das sind die, die sich selbst verletzen!". Es gibt genügend Jugendliche, die nichts mit dem Emo-Kult zu tun haben und sich dennoch selbst verletzen. Ein Indiz dafür, dass das Phänomen häufig auftritt ist, dass sich Emos durch ihre Emotionalität auszeichnen. Sich selbst verletzende Personen erfuhren meist negativ emotionale Erlebnisse in ihrer Vergangenheit oder momentanen Lebenssituation. Diese Erlebnisse geben manchen Personen manchmal Anlass, sich selbst zu verletzen um den anderen Schmerz, das Leid das sie erfahren, zu vergessen und mit dem Schmerz, der aus dem selbstverletzenden Verhalten entsteht, den aktuellen Schmerz zu übertrumpfen, ihn für den Moment zu vergessen und zu verdrängen. Jugendlich Emos finden in diesem Kult ihre Akzeptanz.

Es kann also vermutet werden, dass sich selbst verletzende Jugendliche zum Emo-Kult hingezogen fühlen und sich mit diesem identifizieren, weil ihnen gegenüber von niemandem eine ablehnende Haltung eingenommen wird.

Des Weiteren können Emos in ihrer Kultur ihren Emotionen freien Lauf lassen. Manch einer, der sich in einer emotional schwierigen Lage auf andere Weise, z.B. mit Rückzug o.ä. ausgedrückt hat, reagiert durch die Akzeptanz in dieser Jugendsubkultur mit selbstverletzendem Verhalten, um sich emotional wieder ausgleichen zu können.

Weitaus nicht alle Emos ritzen bzw. verletzen sich selbst. Deshalb ist auszuschließen, dass alle Emos sich ritzen. Ritzen ist kein Anzeichen dafür, dass jemand Emo ist. Auch kann keine allgemeine Begründung für das dennoch häufige Auftreten von selbstverletzendem Verhalten gegeben werden.

9 Bezug zur sozialen Arbeit

Der momentane Hass, die Phänomene der Fremdenfeindlichkeit, Diskriminierung und selbstverletzendes Verhalten geben Anlass, in der sozialen Arbeit näher auf das Phänomen Emos einzugehen, sich damit zu beschäftigen und auseinander zu setzen. Sowohl in Mexiko als auch in der Schweiz beschäftigen sich immer mehr Sozialpädagogen mit der Jugendsubkultur „Emo". Durch die Diskriminierung, sei es durch verbale oder körperliche Gewalt, sehen Jugendarbeiter eine Notwendigkeit in der Aufklärung anderer Jugendlicher über Emos. In schweizer Schulen soll Jugendlichen näher gebracht werden, warum und wie sich diese neue Kultur entwickelt hat. Es soll sowohl die emotionale Seite der Emos hintergründig bearbeitet, als auch näher auf selbstverletzendes Verhalten als Krankheit eingegangen werden. Sinn in der Thematisierung des selbstverletzenden Verhaltens sehen Jugendarbeiter in der Schweiz darin, dass andere Jugendliche, die nie zuvor von selbstverletzendem Verhalten gehört haben und schon gar nicht darüber informiert wurden, aufgeklärt werden und erfahren wie sie anderen selbstverletzenden Jugendlichen, seien es Emos oder nicht, begegnen sollen. Des Weiteren den Jugendlichen, auf die das Phänomen des selbstverletzenden Verhaltens zutrifft, Hilfs- und Unterstützungs-möglichkeiten aufgezeigt werden. Da dieses Phänomen, wie zuvor beschrieben, unter allen jugendlichen Gruppierungen vorkommen kann, sehen Jugendarbeiter es als wichtig an, nicht nur Emos, sondern alle Jugendlichen anzusprechen.

Auch Eltern sollen darauf vorbereitet werden, wie sie damit umzugehen haben, wenn ihr Kind selbstverletzendes Verhalten aufweist und/oder sich dem Emo-Kult zugehörig fühlen sollte. Eine Mutter aus dem Solothurnischen berichtete, dass sie bis vor kurzer Zeit nicht wusste, was Emos sind, bis sie eines Tages mit ihrer Tochter durch die Straßen lief und diese als „Scheiß-Emo" beschimpft wurde und ihr nachgerufen wurde, dass Emos nur nerven (FISCHER 2008: 2).

Nun befürchten Jugendexperten, vor allem in der Schweiz, dass die schon aufgetretenen Hetzjagden in Mexiko sich hier in Europa wiederholen und ebenfalls auftreten könnten (ebd.). Mark Flückiger, Leiter der kantonalen Abteilung Jugend, Familie und Prävention in Basel berichtet, dass Emos immer wieder von anderen Jugendlichen beschimpft und angegangen werden, wobei sich dies bisher nur druch verbale Attacken und kleine gewalttätige Schupsereiern äußerte. Dennoch sind sich Schulverwaltung, Sozialarbeit und Justiz einig, dass mit dem Phänomen Emo präventiv gearbeitet und sich stärker damit beschäftigt werden müsse (ebd.).

Durch den sich immer weiter verbreitenden Emo-Kult in Deutschland, wird es nicht ausbleiben, sich auch in Deutschland, durch sozialpädagogische Arbeit und Aspekte, mit diesem Phänomen zu beschäftigen. Zwar ist noch noch von keinen schwereren gewalttätigen Übergriffen Kenntnis genommen worden, doch durch die große Anteilnahme auf deutschen Anti-Emo-Webseiten ist genau dies zu befürchten. Jugendliche richten sich aufgrund ihres Unwissens über selbstverletzendes Verhalten, Homosexualität und den eigentlichen Emo-Kult, bezüglich der Andersartigkeit und Fremdheit, gegen Emos. Die Hauptaufgabe liegt im Moment noch in der Präventiv- und Aufklärungsarbeit. Wer oder was Emos sind, warum sie häufig ein selbstverletzendes Verhalten aufweisen, wie ein solches zustande kommt und warum ein/e Jugendliche/r, meist aufgrund seiner emotionalen Einstellung, sich zum Emo-Kult hingezogen fühlt. Mit der Bearbeitung dieser Hintergründe kann in der Jugendarbeit, und vor allem in der Schule, eine Akzeptanz der Emos bei anderen Jugendlichen geschaffen werden. Darüber hinaus kann ein Verständnis für Menschen beigebracht werden, die in jeder Hinsicht anders sind als die eigene Person.

Bisher wurde selbstverletzendem Verhalten in der Jugendarbeit wenig Aufmerksamkeit geschenkt. Durch das öffentliche Bekenntnis und einem regen Interesse an selbstverletzendem Verhalten, thematisieren Emos dieses Phänomen und geben Anlass sich in der sozialen Arbeit, ebenfalls wie bei dem eigentlichen Emo-Kult, in den Schulen, bei Eltern und allen weiteren Jugendbereichen, damit zu beschäftigen. Es gibt zwar etliche Unterstützungs- und Hilfemöglichkeiten, die sich selbstverletzenden Personen angeboten werden, dennoch wurde das Phänomen, öffentlich oder in Schulen, bisher nicht ausreichend behandelt. Jugendliche müssen über das Phänomen selbst und den Umgang mit sich selbstverletzenden Jugendlichen aufgeklärt werden.

Das gleiche gilt für die Eltern, die meist nicht wissen, wie sie sich ihren Kindern gegenüber verhalten sollen. All diese Aspekte werden schon behandelt und Beratungsmöglichkeiten angeboten, doch Eltern und Schüler beschäftigen sich meist erst dann mit diesem Phänomen, wenn ihre Kinder oder Freunde bereits selbstverletzendes Verhalten aufweisen und sie selbst nicht wissen wie sie sich weiterhin verhalten sollen. Wie auch bei den Emos, sind die ersten Reaktionen oft Ablehnung und Unverständnis. So ist es nicht verwunderlich, dass Jugendliche, die sich nicht mit dem Emo-Kult identifizieren und zum ersten Mal von selbstverletzendem Verhalten

Kenntnis nehmen, schnell eine ablehnende Haltung gegenüber dieser Jugendsubkultur, durch ihr Unverständnis und Unwissen, aufbauen. Ihr Unwissen tritt durch Aussagen, die überall im Internet gefunden werden können, wie: „die sind doch alle verrückt!", in Erscheinung

Da Emos eine neue Jugendsubkultur bilden und mit ihren emotionalen und teilweise selbstverletzenden Verhaltensweisen, Themen prägen, die in bisherigen Jugendbewegungen vermieden, übergangen oder einfach nicht öffentlich angesprochen wurden, muss der Emo-Kult in der Schule, der Jugend- und Elternarbeit sowie der Gesellschaft definiert und dessen Hintergründe erklärt werden.

10 Umfrage mit Emos – Umfragebogen und Evaluation

Am Anfang meiner Arbeit und meiner Literaturrecherche stieß ich auf mangelhafte Literatur. Es gab keinerlei Bücher zum Thema Emo, die in deutscher Sprache verfasst waren. Bücher aus den USA oder Großbritannien waren zwei aufzufinden, die es aber nur in der englischen Ausgabe gab. Es waren zwar etliche Zeitungsartikel zum Thema „EMO" zu finden, dennoch waren diese nicht exakt das, was nötig gewesen wäre, um diese Jugendgruppe korrekt wiederzugeben. Deshalb entschloss ich mich für eine Umfrage. Im Internet sind viele Vorurteile, die die Gesellschaft und andere Jugendbewegungen gegen Emos haben zu finden. Um herauszufinden inwieweit diese Vorteile mit dem Lebens- und Verhaltensmuster übereinstimmen, wurden die passenden Fragen erstellt. Des Weiteren erschien es interessant, durch offene Fragen in Erfahrung zu bringen, was „Emo-Sein" bedeutet, was für Emos typisch ist, welche Vorurteile und Meinungen unbeteiligter Personen aus dem Weg geräumt werden sollten und wie sie ihr Erscheinungsbild richtig stellen würden.

Durch viele Kommentare von Emos stellten sich Reportagen, die auf den Sendern ARD, RTL und Sat 1 zu sehen waren und im Internet kostenlos jederzeit angeschaut werden konnten, als falsch dargestellt heraus.

So war meine erste Anlaufstelle das Internet. Da es mittlerweile für alle sich vorstellbaren Gruppierungen ein eigenes Chat gibt, meldete ich mich bei einem Emo-Chat an. Der Name und die Internet-Adresse dieses Chats lautet www.emo-chat.mypeoples.de. In diesem Chat sind, laut einem Banner auf dieser Homepage, über 4000 Jugendliche angemeldet, die sich größtenteils zu ihrem Emo-Sein bekennen.

Da ersichtlich ist, wenn eine Person in diesem Chat eingeloggt ist, wurden in einem Zeitraum von 12 Tagen ca. 100 eingeloggte Mitglieder angeschrieben. Ich gab mich nicht als Emo sondern als Student der Sozialen Arbeit aus. Ich entwarf folgenden Text um vorerst zu erfahren, ob überhaupt ein Interesse der jeweiligen Personen bestand.

> „Hey,
> ich wollte mal anfragen, ob du vielleicht Lust und Interesse hättest bei einer Umfrage mitzumachen?
> Ich arbeite gerade an einer Untersuchung über das Thema "Emo".
> Da es noch nicht viel Literatur gibt und einige Vorurteile bestehen, die meines Erachtens nicht korrekt sind, wollte ich eine Umfrage machen um einiges richtig zu stellen.

Hättest du Lust mitzumachen?

Wäre super, dann schick mir doch deine E-Mail-Adresse und ich werd die den Umfragezettel/bogen zuschicken, oder einfach hier rein kopieren."

Auf diese Nachricht antworteten mir 50 Personen. Weiter schrieb ich dann entweder eine E-Mail oder fügte die Umfrage mit einem weiteren Text in diesem Chat in die Mailbox ein.

Um noch einmal den Beteiligten die Sicherheit und den Grund dieser Umfrage zu erklären, wurde gleichzeitig ein weiterer Text über die Umfrage verfasst.

> „Diese Umfrage ist für meine Untersuchung und anonym, das heißt du brauchst deinen Namen nicht angeben und ich werde auch keinen verwenden.
>
> Oft wird schlecht über Emos geredet. Die Gesellschaft hat viele Vorurteile.
>
> Ich möchte mit meiner Arbeit und Umfrage einiges genauer und richtig beleuchten.
>
> Ich denke das liegt in deinem Sinn. Bitte bedenke, dass das nicht meine Ansichten sind, sondern oft die Meinung vieler anderer.
>
> Also bedanke ich mich schon mal im Voraus.
>
> Schreib einfach deine Antworten unter die Fragen oder auf die nächsten Seiten mit den dazugehörigen Nummern."

Nach diesen 50 beantworteten und evaluierten Fragebögen stellte sich die Frage, ob die Menge der beantworteten Fragebögen ein repräsentatives Ergebnis liefern würde. Deshalb schrieb ich ca. 100 weitere Emos an, um auf insgesamt 100 beantwortete Fragebögen zu kommen.

Nach der Evaluation der zweiten 50 Antworten blieben die geschlossenen Fragen prozentual gleich und auf die offenen Fragen waren die Antworten in ihrer unterschiedlichen Formulierung zu unterscheiden. Insgesamt war danach zu erkennen, dass sowohl nach 100 wie auch nach 50 Befragten das gleiche Ergebnis resultierte. Des Weiteren fügte ich bei der zweiten Hälfte noch zwei weitere Fragen hinzu um herauszufinden, wie die Befragten dazu kamen sich zum Emo-Kult hingezogen und angehörig zu fühlen und welche sexuelle Ausrichten sie haben.

Die nächsten Punkte werden den Fragebogen und die komplette Umfrage näher beschreiben. Weiterführend folgen anhand grafischer und schriftlicher Ausarbeitung Evaluierungen jeder einzelnen Frage.

10.1 Der Umfragebogen

1. Dein Alter:

2. Geschlecht:

3. Emo bedeutet:

   Musikrichtung oder/und Jugendbewegung oder/und Lebenseinstellung ?

   Wie oder was bezeichest du als Emo?

4. Aus welchem Bundesland kommst du?

5. Hast du einen festen Freund/ eine feste Freundin?

   Wenn ja, m oder w?

6. Bezeichnest du dich als Emo?

7. Seit wann bist du Emo?

8. Was bedeutet es in deinen Augen Emo zu sein?

9. Auf welche Schule gehst du? Dein Beruf? Schulabschluss?

10. Welche Musikrichtung hörst du?

11. Was sind deine Lieblingsbands/-lieder?

12. Hast du ein Tattoo? Wenn ja wie viele?

13. Hast du Piercings? Wenn ja wie viele und evtl. wo?

14. Hast du dich schon mal selbst verletzt?

    Wenn ja,
    wie oft? Regelmäßig?
    Wie?

15. Wird man als Emo automatisch zum Ritzer?

16. Was ist noch typisch für Emos?

17. Schreib auf was du als wichtig erachtest, was Außenstehende wissen sollten.

10.2 Evaluation

In den folgenden Punkten wird für jede einzelne Frage eine genaue Auswertung beschrieben. Anhand von Grafiken und schriftlichen Erklärungen sind die Ergebnisse der Evaluation zu entnehmen.

Den offenen Fragen sind meist Zitate beigefügt, die die Befragten gegeben hatten. Die komplette Auflistung aller Antworten, die zu den offenen Fragen geliefert wurden, ist im Anhang zu finden. So besteht die Möglichkeit alle Zitate, die in den jeweiligen Punkten erwähnt werden, auch im Anhang nachzuvollziehen. Darüber hinaus sind dem Ahnung auch die Antworten zu den offenen Fragen zu entnehmen, die nicht in den schriftlichen Ausführungen vorkommen.

Die geschlossenen Fragen sind allesamt mit Grafiken versehen, aus denen der Mittelwert errechnet wurde und/oder der prozentuale Anteil aller gegebenen Antworten entnommen werden kann.

Da es sich um 100 beantwortete Umfragen handelt, ist die Anzahl der gegeben Antworten, mit dem prozentualen Anteil gleichzusetzen. Bei 100 Befragten Emos handelt es sich somit bei zwanzig 14-jährigen sowohl um 20% der Befragte als auch um 20 Personen.

10.2.1 Alter

Das Alter der Jugendlichen liegt im Durchschnitt bei 15,9 Jahren. Die unten stehende Statistik beschreibt, in welcher Höhe jedes Alter der Befragten vorkam.

Daraus ist zu schließen, dass mit einer Anzahl von 65 Jugendlichen, der Anteil derer am größten ist, die ein Alter zwischen 14 und 17 aufwiesen. 20 Jugendliche waren in einem Alter von 14 Jahren und 19 in einem Alter von 15 Jahren, sowie die 16- und 17-jährigen einen Anteil von jeweils 13 hatten. Daraus ist zu schließen, dass man sich am ehesten ab der Vollendung des 13. Lebensjahres zur Emokultur hingezogen und zugehörig fühlt, denn unter dem Alter von 14 Jahren fanden sich insgesamt nur zwölf Personen. Gleiches gilt für das Ende der Zugehörigkeit. Ab einem Alter von 18 nimmt der Trend zum Emo-Sein ab. Nachdem elf der Befragten sich in diesem Alter befanden, wiesen nur noch elf weitere, im Bereich bis 24, ein höheres Alter auf.

Die Tendenz sich zur Emokultur hingezogen zu fühlen beginnt somit im 13. und 14. Lebensjahr und nimmt ab einem Alter von 18 Jahren wieder ab. Emos befinden sich demnach meist in der Pubertät und Entwicklungsphase, dennoch bleibt ein reges Interesse im höheren Alter nicht selten ausgeschlossen.

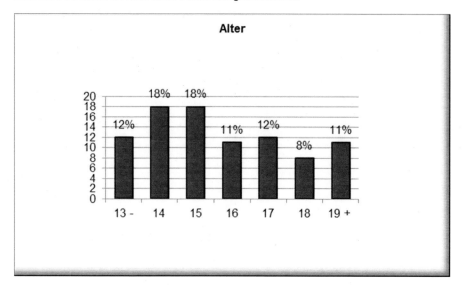

Diagramm 1: Alter der Befragten.

Alter in Jahren	12	13	14	15	16	17	18	19	20	21	22	24
Anzahl	2	10	20	19	13	13	11	4	5	1	1	1

Tabelle 1: Genaue Anzahl jeden Alters der Befragten.

10.2.2 Geschlecht

Sowohl in sämtlichen Chats, auf der Straße als auch bei dieser Umfrage ist zu bemerken, dass sich eher weibliche Jugendliche von dem Emo-Kult angezogen fühlen. Allein in den beiden Chat-Rooms, in denen die Umfrage durchgeführt wurde, waren doppelt so viele weibliche wie männliche Jugendliche angemeldet. Bestätigend kann anhand der unten stehenden Statistik eine noch höhere Quote von Mädchen aufgewiesen werden.

Unter allen 100 Personen, von denen die Umfrage ausgefüllt wurde, wies der Anteil der weiblichen Teilnehmer 74% auf, hingegen den männlichen 26%.

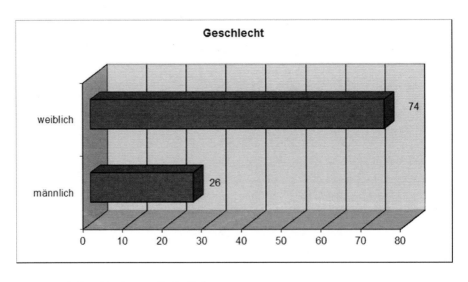

Diagramm 2: Geschlechteranteile der Befragten.

10.2.3 Was Emo bedeutet

In wieweit identifizieren sich Emos selbst mit ihrem Namen? Durch diese Fragestellung wurde in Erfahrung gebracht, auf was die Jugendlichen Wert legen und durch welche Merkmale sie die Emo-Kultur charakterisien. Bei dieser teilweise geschlossenen Frage konnten sie einerseits zwischen den Antworten Musikrichtung, Jugendbewegung und Lebenseinstellung auswählen, aber hatten zusätzlich die Chance, weitere Kriterien, die sie als wichtig erachten, zu beschreiben.

Emo wurde in erster Linie als Musikrichtung und Lebenseinstellung bezeichnet. 54 der Befragten richteten ihren Fokus auf die Musikrichtung, sowie 43 auf eine Lebenseinstellung, die den Emo-Kult ausmacht. Weitere zehn gaben an, den Emo-Kult als eine Jugendbewegung zu bezeichnen.

Des Weiteren hatten sie die Möglichkeit weitere Kriterien, was zur Bedeutung der Emos zählt, zu nennen. Durch diese Antwort wird deutlich, dass Emo zu sein nicht nur bedeutet, eine bestimmte Musikrichtung zu hören, einer Jugendbewegung anzugehören oder eine Lebenseinstellung zu haben, denn 52 antworteten zusätzlich, dass ein Emo stark und mehr als andere, durch seine Gefühle geprägt ist, die er offen nach außen trägt.

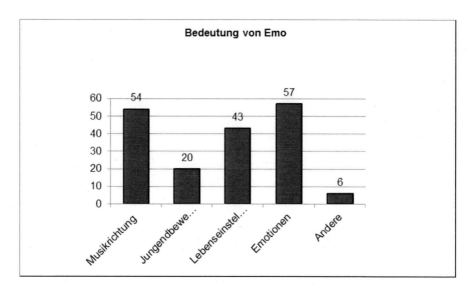

Diagramm 3: Bedeutung des Begriffes „Emo" aus Sicht der Befragten.

„Eine Art von Menschen, die ihre Gefühle in der Öffentlichkeit zeigten." (Seite 46: Nr.1)

„Leute die sehr emotinal sind und gefühle zeigen können" (Seite 49: Nr. 30)

„Für mich persönlich ist ein Emo nichts weiter, als ein Mensch, der sich selbst bzw. seinde Gedanken und Gefühle gern nach außen hin zeigt und trägt in Form von Musik, seinem Styling, Bildern, Poems usw., dabei finde ich es NICHT relevant ob man sich selbst Verletzungen zufügt, oder verstärkte Depressionen hat." (ebd.: Nr.38)

„Emos bezeichne ich sehr emotional und decken die wahrheit über gefühle und schmerz auf, ob nun in gedichte oder lieder" (Nr.94: S.40)

10.2.4 Bundesland

Es gibt keine Vorurteile über die Herkunfts- oder Wohnorte von Emos, dennoch wollte ich in Erfahrung bringen, in welchen Bundesländern die Jugendlich leben. Da die beiden Chatrooms, in denen diese Umfrage durchgeführt wurde, sich an ganz Deutschland richteten, stellte sich die Frage, ob es ein oder mehrere Bundesländer gibt, die verhältnismäßig mehr Anhänger der Emo-Szene aufweisen.

Durch die Antworten ist zwar festzustellen, dass Nordrheinwestfalen mit 24 und Niedersachsen mit 13 der Befragten stärker vertreten ist als die anderen, doch können keine Begründungen dafür gefunden werden. Wird dieser Anteil mit der Einwohnerzahl der Bundesländer verglichen, ist zu erkennen, dass ein Grund dafür in der hohen Bevölkerungsdichte der beiden Bundesländer liegt. Nordrhein-Westfalen, mit 17,9 Mio. Einwohnern, nimmt die Spitze der Bevölkerungsrate ein und Niedersachsen mit 7,9 Mio. gehört nach Bayern und Baden-Württemberg mit zu den dicht bevölkertsten Bundesländern (www.statistik-portal.de/Statistik-Portal/de_jb01_jahrtab1.asp).

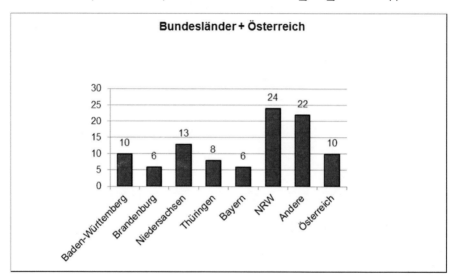

Diagramm 4: Wohnort der Befragten, gegliedert in Bundesländer und Österreich.

Unter die Rubrik „Andere" fallen weitere Bundesländer, die in folgender Tabelle, mit der Anzahl der in dieser Region wohnenden Befragten, aufgelistet werden.

Bundesland	Anzahl
Berlin	3
Saarland	2
Sachsen	4
Sachsen-Anhalt	3
Bremen	1
Hessen	5
Schleswig-Holstein	2
Deutschland	2

Tabelle 2: Genaue Auflistung der Bundesländer, die unter die Kategorie „Andere" fallen.

10.2.5 Beziehung

38 der Befragten, somit knapp mehr als ein Drittel, befanden sich zum Zeitpunkt der Umfrage in einer Beziehung. Alle führten aber eine Beziehung mit einem Partner/Partnerin des anderen Geschlechts. Die restlichen zwei Drittel lebten als Single.

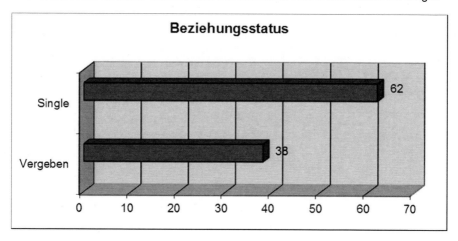

Diagramm 5: Beziehungsstatus der Befragten.

10.2.6 Sexuelle Ausrichtung

Die Frage nach der sexuellen Neigung wurde erst nachträglich ab dem 51. Fragebogen eingefügt. Nachdem immer öfter das Vorurteil präsent wurde, dass alle Emos, vor allem die männlichen, homosexuell[42] seien, war es nicht möglich diese Frage auszulassen. Somit sind nur die Hälfte aller Umfragebögen mit der Frage nach der sexuelleren Ausrichtung versehen worden. Die unten stehende Statistik zeigt, dass von diesen 50 mit 27 Antworten mehr als die Hälfte angaben, dass sie Heterosexuell[43] seien und sich somit sich zum anderen Geschlecht hingezogen fühlen.

Der Neigung zur Bisexualität[44] entsprachen 18 Befragte. Wie in Kapitel drei beschrieben, liegt ein Grund der relativ hohen Quote der Bisexualität in der Phase, in der sie sich befinden. Sie befinden sich in der Pubertät und ihrer Findungsphase. Weiter kommt noch hinzu, dass Emos offen zu ihren Gefühlen stehen und nicht versuchen,

---

[42] Sich zum gleichen Geschlecht hingezogen fühlen.
[43] Sich zum anderen Geschlecht hingezogen fühlen.
[44] Sich zu beiden Geschlechtern hingezogen fühlen.

ihre Neigungen geheim zu halten. Unter diesen 18, sich zur Bisexualität bekennenden Befragten, befanden sich 14 weibliche und vier männliche Jugendliche. Eine Homosexualität konnte nur bei vier der Befragten festgestellt werden. Erwähnenswert ist dennoch, dass es sich dabei nur um männliche Emos handelte.

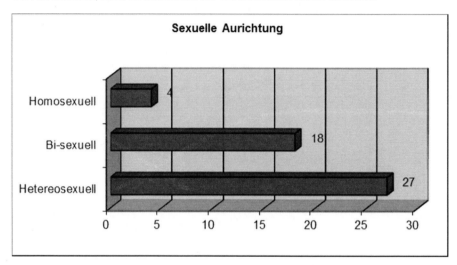

Diagramm 6: Sexuelle Ausrichtung der Befragten.

Wird die vorherige Frage, die nach dem Beziehungsstatus und dem Geschlecht des Beziehungspartners der ersten 50 Befragten mit einbezogen, kann man feststellen, dass 24 weitere eine heterosexuelle Lebensweise an den Tag legen. Da aber die restlichen 26 zu diesem Zeitpunkt keine Beziehung führten, machten sie keine Angaben zu welchem Geschlecht sie neigen würden.

Insgesamt wurde festgestellt, dass mehr als die Hälfte der Jugendlichen eine heterosexuelle Neigung haben. Während einer pubertierenden Phase liegt die Auslebung einer bisexuellen Lebensweise, um sich selbst zu finden, an zweiter Stelle. Durch die kleine Anzahl der 4 männlichen, homosexuellen Emos ist in keiner Weise fest zu stellen, dass Emos zu einer homosexuellen Ausrichtung neigen.

10.2.7 Bezeichnest du dich als Emo? Seit Wann?

Als ein wichtiges Kriterium war zu hinterfragen ob die Zielgruppe sich selbst als Emo bezeichnet und, sollte dies der Fall sein, seit wann sie sich der Emobewegung angehörig fühlten. Es gab nur zehn, die sich selbst nicht als Emo bezeichnen. Fünf von

Ihnen gaben an, sich selbst nicht als Emos zu bezeichnen, da sie das Schubladen-denken vermeiden möchten. Bei den anderen drei waren keine Gründe hinzugefügt.

Zwischen „Ja – ich bezeichne mich als Emo" und „Nein – Ich bezeichne mich nicht als Emo" musste noch ein Zwischenschritt eingebaut werden, da 24 der Befragten sich nur teilweise als Emo bezeichneten. Gründe für die nicht eindeutige Bekennung waren unterschiedlich. So begründeten sie ihre Angaben z.B. dadurch, dass sie sich innerlich als Emo fühlen, sich jedoch nicht in eine Schublade stecken lassen, mit Vourteilen auseinander setzen oder schuldig fühlen möchten, wenn sie doch die eine oder andere tiefgründige Musik hören. Oft wurde betont, dass sie ihren Titel anderen überließen. Mit Aussagen, wie „wer denkt ich bin ein Emo, soll das ruhig denken" oder „andere bezeichnen mich als Emo, deshalb ich denke schon, dass ich einer bin." wollten sie sich weder gegen noch für eigene Bezeichnung als Emo aussprechen.

Die restlichen 66 bezeichneten sich selbst als Emo. Eine zusätzliche Antwort be-schrieb, dass nur diejenigen sich Emo nennen dürfen, die auch Ahnung davon haben und nicht nur Aufmerksamkeit mit ihrem Style erregen wollen. Diese hätten, laut dieser Aussage, keine Chance jemals als Emo akzeptiert zu werden.

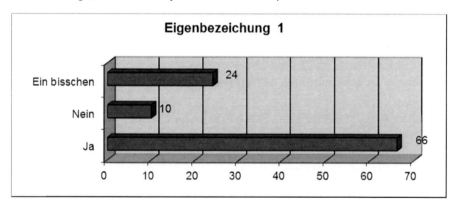

Diagramm 7: Häufigkeit der Eigenbezeichnung als Emo der Befragten.

Wie in Kapitel drei beschrieben ist diese Jugendsubkutlur in Deutschland noch sehr jung. Dies bestätigt auch das Resultat der Frage, seit wann die Befragten sich als Emo bezeichnen.

Von den 90, die sich zum Teil und vollkommen als Emo bezeichnen, gehören knapp zwei drittel, somit 52 Befragte, zwischen ein und zwei Jahren dieser Jugendbewe-gung an. 15 beschrieben, dass sie erst vor kurzer Zeit den Emo-Style für sich gefun-den hätten und neun teilen diesen angeblich schon länger als zwei Jahre. Unter den

Antworten befanden sich auch Angaben wie, schon immer oder sieben und acht Jahre, was sie auf ihre emotionale Haltung, Style und gehörte Musik zurückführten. Dass diese Auswertung nur 83 Antworten beinhaltet, ist darauf zurückzuführen, dass sich sieben Befragte nicht zu der Dauer des Emo-Seins äußerten.

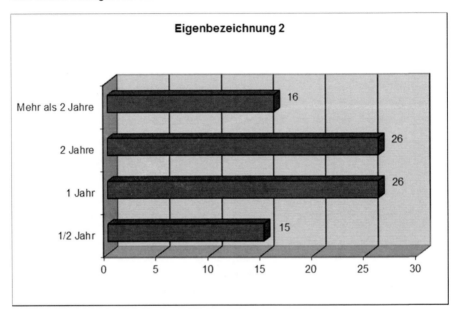

Diagramm 8: Seit wann, die sich als Emos bezeichnenden Jugendlichen sich so bezeichnen.

10.2.8 Wie bist du dazu gekommen?

Auch diese Frage wurde nachträglich in den Fragebogen eingefügt, womit es nur einer Anzahl von 50 Befragten möglich war, auf diese Frage zu antworten. Bis auf acht der Befragte machten alle Aussagen zu dieser Frage. Es ist wichtig zu betrachten, aus welchem Beweggrund die Jugendlichen den Weg in die Emokultur fanden. Differenziert betrachtet gab es vier verschiedene Formen von Beweggründen.

Zum Einen wurden die Jugendlichen zu Emos, weil die Medien, vor allem das Internet, auf sie wirkten. Sie sahen Bilder, Videos und Berichte im Internet und erfreuten sich an deren Aussehen, Verhalten und Musikgeschmack. Ihnen gefiel es so sehr, dass sie ihr gesamtes Auftreten kopierten und sich der Emokultur anglichen. *„Durch Bilder aus dem Internet. Fand den Style sehr cool. Sieht sehr schön aus in meinen Augen"* (Nr.95: S.??).

Ein weiterer Grund für ein paar Jugendliche, sich zu dem Emokult hingezogen zu fühlen, waren depressive oder schwierige Phasen ihres Lebens. Bei zwei befragten war es der Tod eines Familienangehörigen, der sie in diese Lage brachte und sie zur emotionalen Musik führte, wodurch sie sich zu einem Emo entwickelten. *„durch meinen verstorbenen Freund"* (Nr. 100: S.???). Zwei beschrieben, dass die Kultur ihnen half, die Beendigung einer Beziehung zu verarbeiten: *„Weil meine Freundin schluss gemacht hat un ich mit allen streit hatte un mich immer leute gehasst haben"* (Nr.54: S.??). Ein Weiterer beschreibt seine Neigung zur Homosexualität, die ihn dazu gebracht, da die Anhänger der Emos sehr tolerant sind, und sich auch mehr Gleichgesinnte finden lassen. *„Ich habe gemerkt, dass viele Emos Schwul sind und das es in der Scene Akeptiert wird also dacht ich probierst du das mal aus. Und schon war ich Emo."* (Nr.85: S.?).

Die beiden am meisten genannten Beweggründe waren jedoch die Musik und die eigenen Freunde. Viele beschrieben, dass sie schon vorher, manche schon sehr lange, diese Art von Musik für sich entdeckt hätten. Nachdem der Musikgeschmack eindeutig zu emotionalen Texten und Melodien tendierte, wurde der Style der Bands kopiert und ausgeweitet. *„ich hab mich schon immer für die Musik interessiert und irgendwann einfach angefangen mich auch so zu leiden und zu stylen weil es mir einfach gefällt."* (Nr. 62: S.??).

Freunde, die sich schon zuvor als Emo bezeichneten, brachten andere dazu, sich der Emokultur nach angemessen zu kleiden. Durch das Vorspielen verschiedenster Lieder mit ihren emotionalen Texten und Klängen fanden sie gefallen an der Jugendsubkultur. *„durch Freunde"* (Nr. 56: S.??), *„Durch eine Frundin, die in einem Forum angemeldet war, und mir eine Band gezeigt hat"* (Nr. 86: S.??).

Zusammengefasst wird der Eintritt in die Emokultur, durch soziale Probleme und Freundschaften, das Gefallen der Kleidung und vor allem durch die gehörte Musikrichtung bestimmt.

10.2.9 Schule – Beruf

Ebenfalls wie in Kapitel drei beschrieben, ist Emo-Kultur ein Phänomen, das eher in der Mittel- und Oberschicht unserer Gesellschaft auftritt. Mit dieser Auswertung wurde dieses Bild weitestgehend bestätigt. Emos gehen hauptsächlich auf die Realschule oder auf das Gymnasium. Insgesamt besuchten 2/3 der Befragten zum Zeitpunkt der Umfrage die Realschule oder das Gymnasium. Mit 19 der Befragten lag die Zahl derer, die die Hauptschule besuchen noch über der, die eine Ausbildung machen, doch deutlich unter der der anderen Schulen.

Zu den Ausbildungsberufen gehörten u.a. zahnmedizinische- sowie tiermedizinische Fachangestellte, Zweiradmechaniker, Einzelhandelskauffrau und Krankenschwester. Des Weiteren war eine Studentin dabei, die beschrieb, dass sie es auf dem Universitätsgelände aufgrund ihres Aussehens sehr schwer haben würde, akzeptiert und toleriert zu werden.

Insgesamt ist festzustellen, dass Emos weniger in der Hauptschule aufzufinden sind als auf beiden anderen Schularten.

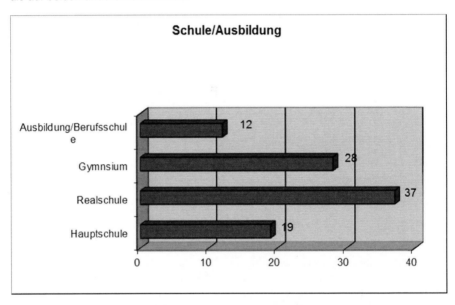

Diagramm 9: Welche Schule die Befragten besuchen bzw. besuchten und ob sie eine Ausbildung verfolgen.

10.2.10 Musikrichtung

Musikrichtung, Bands und deren Songs sind wichtige Kriterien für die verschiedenen Jugendbewegungen. Deshalb war es mir wichtig, herauszufinden, welche Musik die Jugendkultur Emos kennzeichnet.

Wie folgendes Schaubild zeigt, antworteten mehr als die Hälfte und somit der ersten Stelle der Priorität der Jugendlichen entsprechend, dass sie Emocore hören. Des

Weiteren gehören Metal, Screamo[45] und Rock zu den angesagtesten Musikrichtungen, dicht gefolgt von Punk. Beachtlich war auch die Zahl derer, die Hip-Hop zu ihrer Lieblingsmusik zählen.

Dass sich bei diesem Schaubild eine Summe von mehr als 50 Angaben ergibt, liegt daran, dass meist mehr als eine Musikrichtung als Antwort kam.

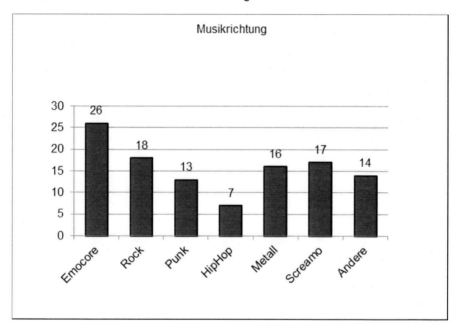

Diagramm 10: Bevorzugte Musikrichtung der Befragten.

In Kapitel 3.2 ist beschrieben, wie Emos zu ihrer Musik kamen bzw. warum und durch welche Musik sie sich kennzeichen. Diese Fragestellung hat mir das vorherige Kapitel bestätigt.

10.2.11 Bands und Songs

Was die Lieblingsbands und -songs der Befragten betrifft, wurde mit den unterschiedlichsten Namen geantwortet. Es herrscht hier keine gemeinsame Meinung, weil der Geschmack von Bands und deren Songs unterschiedlich ist, aber auch weil sich Musik im Laufe der Zeit immer wieder verändert, weiterentwickelt. Ständig

---

[45] Screamo: Eine Musikrichtung die sich von Emotional-Hardcore ableitet. Scream aus dem englischen übersetzt bedeutet Schrei. Screamo ist Emotional-Hardcore mit jeder Menge Geschrei.

gründen sich neue Bands und veröffentlichen neue Songs, von denen der ein oder andere noch gar nichts gehört hat.

Am Häufigsten wird jedoch im Moment die Band „Alesana" mit ihrem Titel „Apology"[46] gehört.

Zu den meist gehörten Bands der Emos gehören im Moment auch:

- Jimmy eat world
- Panic at the disco
- 30 seconds to Mars[47]
- Bring me the horizon[48]
- Aiden[49]
- Fall out boy
- Bullet for my Valentine[50]
- Und viele Weitere

Die einzige deutsche Band, die das ein oder andere Mal genannt wurde, war „Eisblume".

Im Allgemeinen sind es nicht die Bands nach denen die Musik der Emos ausgesucht wird, eher sind es die Songs und ihre Texte. Wichtig ist es für Emos in den Songs Emotionen hören und spüren zu können.

Folgende Songtitel sind es, die Emos zu ihren Lieblingssongs zählen:

- Apology
- You broke my heart[51]
- Ein guter Tag zum Sterben
- You´ll shoot you eye out[52]
- Time of dying[53]
- Pain[54]
- Scarring Kids[55]

---

[46] Die Entschuldigung
[47] 30 seconds to mars: aus dem englischen übersetzt: 30 Sekunden bis zum Mars.
[48] Bring me the Horizon: aus dem englischen übersetzt: Bring mir den Horizont
[49] Aiden: ein eigener Name
[50] Bullet for my Valentine: aus dem englischen übersetzt: Eine Kugel für meinen Liebsten/Schatz.
[51] Du hast mein Herz gebrochen
[52] Du wirst mein Auge raus schießen
[53] Zeit des Sterbens
[54] Schmerz

- Watch me bleed[56]
- Hand of blood[57]

Doch nicht immer sind die Songs derart von traurigen Emotionen belgeitet, wie sie oben stehend aufgeführt sind. Es werden auch „die Ärzte", „Papa Roach". „die Toten Hosen", oder „Avril Lavigne" gehört, die neben guter Laune auch für glückliche Texte bekannt sind.

10.2.12 Besitz von Tattoos und Piercings

Da die Jugendlichen noch ziemlich jung sind, haben Tattoos in dieser Jugendsubkultur keine so große Bedeutung, bzw. durch die Verweigerung der Eltern, nicht viele Träger gefunden. Nur 13 der 100 Befragten gaben an, ein Tattoo zu besitzen. Zwei machten dazu keine Angabe. Zu erwähnen ist, dass die meisten der Tätowierten, sich eines der Markenzeichnen, den Stern, tätowieren ließen.

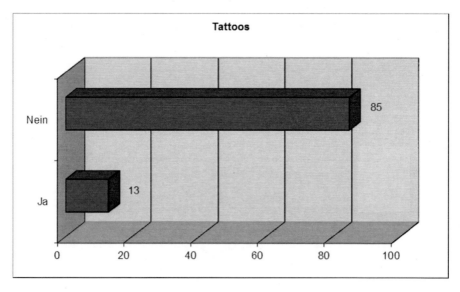

Diagramm 11: Häufigkeit des Besitzes von Tattoos.

Beim Besitz von Piercings spiegelt sich ein anderes Bild wider. Mit 51 Bestätigungen bei der Frage nach Piercings, gab mit 51% die Hälfte der Jugendlichen an, ein

---

[55] narbige Kinder
[56] Schau mir beim Bluten zu
[57] Hand des Blutes

Piercing zu besitzen. Bezieht man sich auf das Alter der Jugendlichen, ist mit dem Piercen ein sehr starker Trend zu erkennen. Oft wurden zusätzliche Aussagen zu diesem Thema gemacht, dass ein Piercing zum Emo-Sein dazu gehöre. Weiter kann die Wichtigkeit des Besitzes von Piercings anhand derer zugeordnet werden, die noch keine besaßen. Denn 19 der bisher noch nicht gepiercten Befragten gaben mit an, dass sie bald eines bekämen oder warten müssen bis sie 16 oder volljährig werden, da ihre Eltern es im Moment noch nicht erlauben würden.

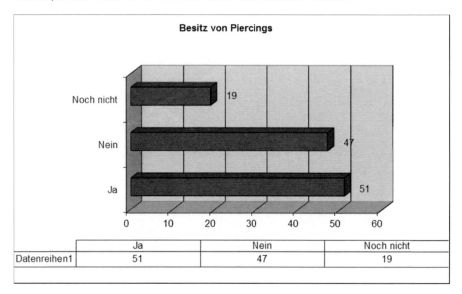

	Ja	Nein	Noch nicht
Datenreihen1	51	47	19

Diagramm 12: Häufigkeit des Besitzes von Piercings bei den Befragten.

Vor allem die Lippe ist für viele der Emos eine interessante Körperstelle, um sich ein Piercing stechen zu lassen und gehört mit zum Zeichen der Emos. Denn 33 gaben an, die so genannten „Snakebites" zu tragen. Des Weitern werden Ringe und Stecker vor allem in Nase, Ohr und Zunge getragen.

10.2.13 Selbstverletzung

Den Vorurteilen zufolge heißt es, alle Emos seien Ritzer. Dieses Vorurteil wollte ich auf seine Richtigkeit untersuchen. Ist es wirklich ein Fakt, dass sich jeder, der ein Emo sein möchte, selbst verletzt, um vielleicht auch einfach nur dazu zu gehören? Um diese Fragestellung beantworten zu können, stellte ich den beteiligten zwei Fragen:

1. Hast du dich schon mal selbst verletzt?

   Wenn Ja:

       Wie oft? Regelmäßig...?

       Mit was?

2. Wird ein Emo automatisch zum Ritzer?

10.2.13.1 Eigene Erfahrungen

Im Vorfeld schien es unsicher, ob mit dieser Fragestellung ein repräsentatives Ergebnis erreicht werden könnte, da die Gefahr bestand, dass viele ihr selbsverletzendes Verhalten nicht zugeben wollen würden. Zusätzlich könnte man durch eine positive Beantwortung dieser Frage, die Vorurteile Außenstehender bestätigen. Doch, wie die Auswertung aufwies, bestätigten sich diese Annahmen nicht im Geringsten. 62 der Befragten gaben zu, sich schon selbstverletzt zu haben oder dies im Moment tun. 32 verneinten ein selbstverletzendes Verhalten jeglicher Art. Die sechs übrig gebliebenen wollten keine Angaben zu diesem Thema und ihrem Verhalten machen.

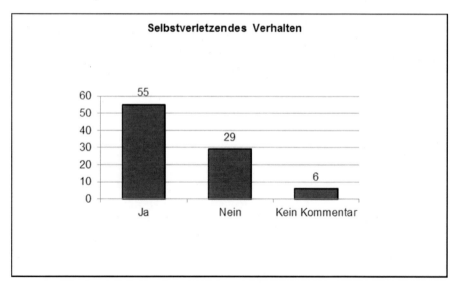

Diagramm 13: Gliederung der Befragten, die ein selbstverletzendes Verhalten bestätigen.

Auf die Frage hin, wie und welche Hilfsmittel sie benutzen, gab der größte Teil an, sich mit Glasscherben und Rasierklingen zu ritzen. Einige erwähnten, den Zirkel zu benutzen. Dies mag daran liegen, dass so ziemlich jeder Schüler einen besitzt und dieser somit sofort zugänglich ist. Andere greifen zu jedem erdenklichen spitzen oder scharfen Gegenstand, der gerade in der Nähe aufzufinden ist. Ein weiteres selbstverletzendes Verhalten, welches drei der Befragten für sich die beste Art fanden ist, sich die Arme aufzukratzen bis sie bluten.

Es ist zwar zu erkennen, dass das Phänomen des selbstverletzenden Verhaltens nicht auf jeden Emo zutrifft, dennoch liegt der Trend sich zu ritzen bei dieser Jugendbewegung mit 62% aller Befragten sehr hoch. Allerdings sind Unterschiede unter der Anwendung von selbstverletzenden Verhaltensweisen zu machen, denn 31% der sich zum selbstverletzenden Verhalten bekennenden, gaben an, dies nur einmal ausprobiert zu haben. Gründe für das ausprobieren, waren der Verlust von Familienmitgliedern, Auswirkungen einer Boarderline-Persönlichkeit[58] und meist der Einfluss anwendender Freunde.

22 verwiesen auf die Notwendigkeit des selbstverletzenden Verhaltens und ihrer Anwendung, nur bei persönlichen Problemen. Dies bedeutet, dass sich die Befragten nur dann selbst verletzten, wenn sich in ihrer persönlichen Umgebung ein Problem auftrat, mit dem sie nicht sofort fertig wurden. Laut der Angaben half es ihnen, die Stärke des Ausmaßes zu lindern. Weitere 21 gaben an, sich regelmäßig selbst zu verletzen. Einige erwähnten aber zusätzlich, dass sie dies jetzt nicht mehr tun und ihr selbstverletzendes Verhalten vor ihrer Zeit als Emo lag. Ihr regelmäßiger Gebrauch wurde von einzelnen als Tat bezeichnet, um sich selbst wieder spüren zu können.

58

Diagramm 14: Häufigkeit des Auftretens bei den sich selbst verletzenden Befragten.

10.2.14 Emo = Ritzer

Durch das Vorurteil, dass sich alle Emos ritzen, war es sinnvoll nicht nur die Häufigkeit des selbstverletzenden Verhaltens bei Emos zu hinterfragen, sondern auch deren Einstellung zu diesem Thema. Durch diesen Punkt konnte erkannt werden, inwiefern Emos das Ritzen oder Aufkratzen der Arme mit dem Emo-Sein verbinden. Das Ergebnis war eindeutig. Obwohl sich zwei drittel der Befragten ritzen oder die Arme aufkratzen, gaben alle bis auf einen der Befragten an, dass selbstverletzendes Verhalten nichts damit zu tun habe, dass jemand Emo ist. Selbst die Befragten, die ein selbstverletzendes Verhalten bejahten, beschrieben eine Unabhängigkeit zu ihrem Kult.

Die Antwort war meistschlicht und einfach „nein". Die einzige Person, die das Auftreten des Phänomens in Betracht der Emos nicht verneinte, erwähnte, dass sich viele der Emos selbst verletzen, weil ein Teil ihrer Freunde es anwenden. Ein weiter Punkt sei, dass dieses Vorurteil besteht und manche Jugendlich glauben, dass es dazu gehöre und sich deshalb ritzen. Folgend ist das Zitat der Person ausführlich dargestellt:

> *„1. Die Jugendlichen, die wirklich Probleme haben. Durch Mobbing (bei*
> *den Emos: „oh, scheiß Emo! Heul doch!), Gewalt (zwei verschiedene*

Gruppen treffen aufeinander und dann kann es aufgrund falscher Vorstel-
lungen vom Gegenüber schon mal zu Streit mit anschließendem Kräfte-
messen kommen) und eben Stress (man will nicht zu Schule wg. Schul-
problemen, Probleme mit sozialem Umfeld, ... da gibt' s eine Menge),
sucht ein ein Ventil. Und man ritzt sich. (So schnell geht das natürlich
nicht, wie wir ja beide wissen, aber ich muss es ja nicht sooo ausführlich
gestalten). Und wegen des Begriffes Emo (Emotional) kommt es eben
leicht zu Vorurteilen: Emotional – alle rennen so schwarz rum, sind die
depri? – die ritzen sich bestimmt. Kommt eben schnell zu Vorurteilen.
2. Die Wannabes. Um zu unterstreichen, dass sie wirklich Emo sind, müs-
sen sie sich ja auch wirklich klischeehaft verhalten. Und ein Klischee ist
eben das Ritzen. Mit anderen Worten: Ich ritze mich, hey, ich bin ein „rich-
tiger" Emo, siehste?
Ich denke mir das mit den Wannabes nicht aus, es gibt wirklich Jugendli-
che, die so versuchen, Anerkennung in einer Gruppe zu bekommen"

10.2.15 Typisch für Emos

Es gibt noch weitere typische Eigenschaften und sichtbare Elemente, die einen Emo
auszeichnen. Durch diese Fragestellung wurden noch offen gelassene Fragen nach
Kleidung, Symbolen und Verhaltensweisen weitestgehend beantwort.

Die Befragten selbst bezeichnen sich überwiegend als eher ruhigere Personen, die
Spaß miteinander haben wollen, zwar zu einer melancholischen Haltung nei-
gen(Nr.3: S.??), dennoch gerne Partys besuchen (Nr.2: S.??). Wie nach dem Ergebnis der Frage 15 zu erwarten war, erwähnte nicht einer oder eine der Befragten, dass
es für Emos typisch sei, sich aufgrund einer evtuellen Melancholie oder traurigen
Gedanken, selbst zu verletzten.

Fast alle gaben an, dass schwarze Kleidung und schwarze Haare zum Style dazu-
gehören. Nur einmal wurde dazu erwähnt, dass Schwarz die Farbe der Traurigkeit
sei (Nr.2: S.??). Zum schwarzen Style dazu gehört bunte Kleidung. Also das allgemeine Outfit eines Emos hat eine schwarz-bunt Kombination. Hinzu kommen einige
Accessoires, wie Schleifchen in den Haaren und Hello-Kitty[59]-Utensilien(Nr.: S.??).

---

[59] Eine Figur der japanischen Firma Sanrio in Katzengestalt. www.hellokittyworld.de

Abb. 7: Emo-HelloKitty. Quelle: www.hellokittyworld.de

Der Stil der Schuhe ist eindeutig. Meist werden Chucks[60], Ballerinas[61] und Turnschuhe von der Marke „Vans" getragen (Nr. 19: S.??). Es sind nicht normal geschnittene schwarze Jeanshosen die ein Emo trägt, sondern die so genannten Röhrenjeans (Nr.92: S:??). Eine Jeans, die eng an den Beinen verläuft, die sonst eher nur als Kleidungsstück der Frau dienen.

Ihre Frisur zeichnet sich durch einen großen Pony aus(Nr.19: S.??), der meistens als Seitenscheitel, über ein Auge hängend, getragen wird (Nr.44: S.??).

Egal ob auf Pullovern, Jacken, Hosen und anderen Kleidungsstücken oder als Ohrringe, dienen oft Sternchen als Markenzeichnen für Emos (Nr.48: S.??). So werden sie als sehr beliebtes Motiv für Tattoos benutzt. Um zur Frage nach der Häufigkeit der Tattoos zurück zu kommen, erwähnte der größte Teil der tätowierten Befragten, dass sie Sterne als Tattoos besäßen.

Des Weiteren drücken sich Emos gerne poetisch durch eigene verfasste Gedichte und die emotionale Musik, die sie hören, aus (Nr.39: S.??).

Auch wenn noch lange nicht alle Emos ein Piercing tragen, gehören Piercings vor allem an Unter- oder Oberlippe zum Style der Emos dazu (Nr. 16: S.??).

Insgesamt fühlen sich Emos in schwarzer Kleidung in einer Kombination mit etwas Buntem ziemlich wohl. Großen Wert wird auch auf das Schuhwerk, sowie die Frisur und Piercings gelegt. Wie die ganze Arbeit schon zeigt, beziehen sich Emos auf die Musik, deren gefühlvollen Inhalt und ihre eigene emotionale Haltung.

---

[60] 1917 zum ersten Mal auf dem Markt erschienene Schuhe, die Ursprünglich als Basketballschuhe gedacht waren. Heute sind sie ein Kultschuh. (vgl. KALOFF 2008: 1).

[61] Schuh ohne Schnürsenkel für Frauen, die einem Schuh ähnlichen sehen, der für der im Ballet verwendet.

10.2.16 Informationen für Außenstehende

„Bevor Du urteilen willst, über mich oder mein Leben, ziehe meine Schuhe an und laufe meinen Weg, durchlaufe die Straßen, Berge und Täler, fühle die Trauer, erlebe den Schmerz und die Freuden...
...und erst DANN kannst Du urteilen..."

(Nr.57. S.??)

Mit dieser Fragestellung konnte in Erfahrung gebracht werden, wie Emos gerne gesehen werden möchten und welche Vorurteile abgeschafft werden sollten. Das Resultat dieser Frage war unterschiedlich. Manche antworteten mit Sätzen, wie *„nix, mir ist egal was andere denken"*, *„man sollte sich nich runterkrigen lassen....sein leben leben...einfach spaß haben... und nich auf andere schaun"* (Nr. S.) oder *„Über emo wissen alle so viel, is schon genug, ich weiß ncht was ist bei emo noch interessantes"* (Nr. S...).

Im Allgemeinen jedoch kamen Antworten, die aufzeigen wie sehr sich Emos missverstanden fühlen und welche Vorurteile sie aus der Welt haben möchten.

55 der Befragten, entspricht 55%, verwiesen auf das Vorurteil des Ritzens. „Nicht alle Emos ritzen sich", „auch wenn sich viele ritzen ist nicht jeder Emo automatisch ein Ritzer" oder „Andere, wie die Hopper z.B., kenn welche, tun das auch". Die meisten von ihnen gaben in der Frage Nr.7 an sich selbst zu verletzten und trotzdem sei es ein Vorurteil anderer Jugendbewegungen und der Gesellschaft.

Des Weiteren erachteten es einige als wichtig, dass die Meinung der Gesellschaft, alle Emos seien depressiv und traurig, geändert werden sollte. Viele erwähnten dieses Vorurteil in einem Satz mit dem Vorurteil, dass sich alle Emos ritzen.

Ein drittes häufig genanntes Thema führte auf das Selbstbewusstsein der Emos. Die meisten gaben an, mit sich selbst zufrieden zu sein. Sie mögen ihr Aussehen, ihren Style, das, was sie darstellen und wie sie sich verhalten. Andere Jugendkulturen und die Gesellschaft sollen wissen, dass sie sich so wohl fühlen und dass jeder Mensch der sein sollte, der er möchte.

Die Befragten haben meist schon eigene Erfahrung als Opfer von Diskriminierung erlebt und möchten dieser so gut es geht entgehen, da sie selbst niemanden diskriminieren, tolerant durchs Leben gehen und andere Kulturen, vor allem nicht durch Gewalt, angreifen würden.

11 Resümee

Emos stellen eine neue Jugendsubkultur da, die ihren Ursprung in den USA und der Musikrichtung Emotional-Hardcore findet. Neue Bands und deren Texte, die sich aus dem Punk entwickelten, prägten eine neue Musikrichtung und eine sich darauf aufbauende Jugendsubkultur. Durch die emotionalen Texte und das Kopieren der Mode entwickelte sich eine neue Jugendsubkultur. Emos werden von extremeren Vorurteilen, mehr Hass und Angst begleitet als andere Jugendsubkulturen zuvor. Ihre Einstellungen und Haltungen, die sich fast ausschließlich auf die eigene Person fokussieren, sind für viele Personen der Gesellschaft und vor allem für andere Jugendliche, schwer nachvollzuvollziehen. Obwohl Emos eine sehr tolerante Jugendsubkultur darstellen, die das Verhalten fremder Gruppen oder Personen akzeptieren und sich nicht gegen sie stellen, begegnen sie ständig Hass und Gewalt gegenüber ihrer eigenen Person.

Eine Jugendsubkultur, die durch die Anwendung und Verhaltensweisen Aufsehen und Abneigung erregt, obwohl durch diese keine Außenstehende Person schaden davon trägt. Homosexualität ist ohnehin ein Thema, das zwar mittlerweile von der Gesellschaft anerkannt, aber noch lange nicht von allen toleriert oder als „normal" bezeichnet wird. Jugendliche, die sich bisher noch nicht viel mit Homo- oder Bisexualität beschäftigt haben, sehen diese sexuelle Ausrichtung noch eher als unnormal an als erwachsene Personen. Daher ist es nicht verwunderlich, dass sich andere Jugendliche von Emos, aufgrund ihrer eventuellen Homosexualität, abgrenzen wollen. Weiterführend zu dieser Arbeit wäre zu hinterfragen, warum die Toleranz und Abneigung gegenüber homosexuellem Verhalten unter Jugendlichen, vor allem unter Jungs, immer noch so eine enorme Form einnimmt. Wichtig wäre deshalb auch zu erfahren, inwieweit eine Aufklärungsarbeit, bezüglich homosexuellem Verhalten besteht, und inwiefern dieses Thema in der Schule und dem Elternhaus behandelt wird.

Aber nicht nur die Findungsphase, in der sich viele Jugendliche Emos befinden, ruft diese Abneigung und Hass bei anderen hervor, auch das häufig auftretende selbstverletzende Verhalten fließt mit ein. Personen, die sich bisher selbst verletzten, trugen ihr Verhalten nicht an die Öffentlichkeit. Dass Emos jetzt mit eher offenen Verhaltensweisen damit umgehen, widerspricht dem Großteil der Gesellschaft und ruft Unverständnis, sowie zusätzlich Besorgnis bei Eltern hervor. Emos nehmen eine sehr emotionale Haltung ein, woraus sich das Wort „Emo" schon ableitet. Da selbstverletzendes Verhalten häufig, durch emotional erfahrene Hintergründe und Verhaltensweisen zurückzuführen ist, ist zu erklären, dass selbstverletztendes Verhalten, Emos häufiger als anderen Jugendlichen, als geeignet erscheint. Es wäre ebenso interessant zu erfahren in welchem Maße, sowohl bei Jugendlichen als auch Erwachsenen, aktuell Aufklärungsarbeit zum Thema selbstverletzendem Verhalten betrieben wird.

Emos fühlen sich in ihrer Rolle, ihrer Umgebung und Gleichgesinnten wohl, denn in dieser Jugendsubkultur herrscht eine hohe Toleranz und Akzeptanz, wie sie kaum andere Gruppierungen aufweisen können. Homosexualität gilt als normal und wird von allen akzeptiert, selbstverletzendes Verhalten wird nicht als unnormal eingestuft und es wird verstanden warum es Personen gibt, die dieses Verhalten brauchen. Emotionen und Gefühle prägen diese heutige Jugendsubkultur und werden sowohl in negativer als auch positiver Form offen zum Ausdruck gebracht. Diese Offenheit und Akzeptanz hält diese Jugendsubkultur zusammen und verschafft ihnen durch die Musik und die Gruppenstärke ein großes Gemeinschaftsgefühl, das auch durch andere Jugendsubkulturen oder die Gesellschaft nicht gestört werden kann.

Insgesamt will diese noch neue Jugendbewegung niemandem Schaden zufügen und einfach ihre Ideale ausleben. Sie bringen Themen an die Öffentlichkeit, die zuvor meist vermieden oder verdrängt wurden und das stört viele Personen, die den, in der Gesellschaft nicht häufig angesprochenen Themen, mit Hass und Abneigung begegnen.

Aus zeitlichen Gründen und zu geringem Informationsmaterial, war es leider nicht möglich zu erforschen, welchen Anteil Emos in der deutschen Bevölkerung einnehmen. Dies wäre ein wichtiger Punkt um Entwicklung Emo-Kultur in Deutschland weiter zu verfolgen. Weiter wäre es interessant zu erfahren, wie sich die Akzeptanz in der Gesellschaft gegenüber weiterentwickelt. Werden Emos in ein oder zwei Jahren mehr akzeptiert, verschlimmert sich ihre Situation oder haben Emos überhaupt noch bestand?

Literaturverzeichnis

AKRAP, D. (2008): Daniel Hernandez: Elemente eines Klassenkampfs. In: Jungle World. Nr.33, 14 August 2008 http://jungle-world.com/artikel/2008/33/22414.html (10.06.09).

BAACKE, D. (1999): Jugend und Jugenkulturen. Darstellung und Deutung. Juventa Verlag, Weinheim,München

BADER, L. (2008):Emo für Anfänger. http://www.focus.de/kultur/musik/30-seconds-to-mars-emo-fuer-anfaenger_aid_300502.html (05.06.2009).

BONSTEIN, J., WELLERSHOFF, M. (2008):Bewegungsmelder. In Spiegel Wissen 4/2008, S.12.

BRAKE, M. (1981): Soziologie der jugendlichen Subkulturen. Campus Verlag, New York und Frankfurt/Main.

BRYVOGEL, W. (2005): Eine Einführung in Jugendkulturen. Veganismus und Tattoos. VS Verlag für Sozialwissenschaften, Wiesbaden.

BÜSSER, M. (2008): Die zarteste Versuchung. In: Jungle World. Nr.33, 14 August 2008. http://jungle-world.com/artikel/2008/33/22417.html (10.06.09).

BÜSSER. M. (2009): Emo: Portrait einer Scene. IKO – Verlag für Interkulturelle Kommunikation. Frankfurt am Main, London.

BÜTTNER. C. (2005): Lernen im Spiegel des Fremden. (Hrsg.): Jonas Engelmann

ECKHARDT, A. (1994): Im Krieg mit dem Körper. Über selbstverletzendes Verhalten. Rowohlt Taschenbuch Verlag. Reinbeck bei Hamburg.

EISMANN, S. (2008): Dünne Jungs in engen Mädchenhosen. In: Jungle World. Nr.33, 14. August 2008. http://jungle-world.com/artikel/2008/33/22415.html (10.06.09).

FERCHHOFF. W. (2007): Jugend und Jugendkuluren im 21. Jahrhundert. Wiesbaden.

FISCHER, J. (2008):Emos, ertrinkt doch in euren Tränen.
http://www.blick.ch/news/schweiz/emos-ertrinkt-doch-in-euren-traenen-89358
(04.04.2009)

GAUGELE, E., REISS, K. (2003): Jugend Mode Geschlecht. Die Inszenierung des Körpers in der Konsumkutlur. Campus Verlag GmbH, Frankfurt am Main.

GREENWALD. A. (2003): Nothing feels good. Punk Rock, Tennagers, and Emo. St. Martin´s Griffin New York

GUDZENT, J. (2008):Mit Pauken und Trompeten.
http://zuender.zeit.de/play_dir/2006/44-my-chemical-romance-black-parade
(05.06.2009).

HADJAR, A. (2004): Ellenbogenmentalität und Fremdenfeindlichkeit bei Jugendlichen. VS Verlag für Sozialwissenschaften. Wiesbaden.

HARTMANN, A. (2008): Gefühle auf dem Laufsteg. In: Jungle World. Nr.33, 14 August 2008. http://jungle-world.com/artikel/2008/33/22416.html (10.06.09).

HÄNSLI, N. (1996): Automutilation. Der sich selbst schädigende Mensch im psychopathologischen Verständnis. Verlag Hans Huber. Bern.

HITZLER, R., BUCHER, T., NIEDERBACHER, A. (2001): Leben in Scenen. Formen Jugendlicher. Vergemeinschaftung heute. Leske + Budrich. Opladen.

HOFER, S. (2008):Tötet einen Emo!
http://www.spiegel.de/panorama/gesellschaft/0,1518,544885,00.html(02.06.04.2
009)

HÖLL, S. (2008):Emos – Verhasste Jugendbewegung.
http://www.max.de/lifestyle/gesellschaft/emos/233419,1,article,Verhasste+Juge
nbewegung.html (04.04.2009)

HÖLL, S. (2008):Emos - Aufmarsch der Emo-Hasser.
http://www.max.de/lifestyle/gesellschaft/emos/238345,1,article,Aufmarsch+der+
EmoHasser.html (04.04.2009)

HÖLL, S. (2008):Emos - Mainstream frisst Subkultur.
http://www.max.de/lifestyle/gesellschaft/emos/238352,1,article,Mainstream+friss t+Subkultur.html (10.06.2009)

KURIER (2009):Minderjährige raubten Emos aus.
http://www.kurier.at/nachrichten/wien/299045.php (04.04.2009)

KRICKAU, O. (2002): Die Welt bei uns zuhause – Fremdbilder im Alltag. IKO-Verlag für Interkulturelle Kommunikation, Frankfurt am Main, London.

LAUT (2008):Russland: Gesetz-Entwurf fordert Emo-Verbot.
http://www.laut.de/vorlaut/news/2008/07/24/19330/ (03.06.2009)

LEVENKRON, S. (2001): Der Schmerz sitzt tiefer. Selbstverletzung verstehen und überwinden. Kösel Verlag GmbH & Co, München.

LUIG, U., SEEBODE, J. (2003): Ethnologie der Jugend. Münster.

METALL HAMMER (2008):Unruhen in Mexiko: Hunderte verprügeln Emo Fans in Querétaro. http://www.metal-hammer.de/Mexiko_Massenpr%C3%BCgelei_Gewalt_Emos_News_13_03_08-site-hammer.html (10.06.2009)

MILLS. C. (2008): Living with an Emo Kid. (Hrsg.): New Holland Publishers (U.K.)

OSTERMANN, B. (2008): Der Emo-Wahn greift um sich. Eltern rettet eure Kinder. http://www.musicchannel.cc/index.php?page=http://www.musicchannel.cc/artist_stories/1/907041 (04.04.2009)

PETERMANN, F., NITOWSKI, D. (2008): Selbstverletzendes Verhalten. Erscheinungs-formen, Risikofaktoren und Verlauf. In: Nervenarzt, Jg. 79 S.1017-1022.

PFITZNER, P. (2007): Emo Boom. Emo heißt nicht nur Streifen, Punkte... . http://www.vienna.at/stadtreporter/berichte/wien/artikel/emo-boom/cn/news-20071108-05042644 (04.04.2009)

RACEK, G. (2003): Das Fremde im Alltagsleben des Einzelnen – Mediales Klischee oder reales Feindbild? (Hrsg.): Peter Lang GmbH; Europäischer Verlag der Wissenschaften

RESCH, F. (2005): Welches Risikoverhalten zeigen vierzehnjährige Schüler? Erste Ergebnisse der Heidelberger Schulstudie mit 5.500 Schülern – Daten zu Alkohol und Tabakkonsum, Selbstverletzung und Diät-Erfahrung. http://www.uniheidelberg.de/presse/news05/2503risiko.html (10.06.09).

RIEPE, R. U. G. (2001): Fremd ist der Fremde nur in der Fremde. Argumente gegen Rassismus. (Hrsg.): Lamuv Verlag GmbH, Göttingen.

RUHLAND, T. (2008): Die Jugendkultur der Emos. http://www.br-online.de/bayern2/zuendfunk/zuendfunk-leben-thema-emo-ID1208447311274.xml (30.05.2009).

SACHSEE, U. (1997): Selbstverletzendes Verhalten. Psychodynamik – Psychotherapie. Vandenhoeck & Ruprecht, Göttingen.

SCHMIDTCHEN, G. (1989): Schritte ins Nichts. Selbstschädigungstendenzen unter Jugendlichen. Leske + Budrich, Opladen.

SCHRÖDER, A., LEONHARDT, U. (1998): Jugendkulturen und Adoleszenz. Hermann Luchterwald Verlag, Neuwied, Kriftel.

SIMON, L., KELLEY, T. (2003): Everybody Hurts. (Hrsg.): Harper Collins Publishers (USA)

STEPPER, M. (2009):Amerika ist immer noch zerrissen. http://www.focus.de/kultur/musik/fall-out-boy-amerika-ist-immer-noch-zerrissen_aid_382296.html (06.06.2009).

TEUBER, K. (1998):Ich Blute, also bin ich. Selbstverletzung der Haut von Mädchen und jungen Frauen. Centaurus-Verlagsgesellschaft, Pfaffenweiler.

WÜRTZ, S. (2000): Wie fremdenfeindlich sind Schüler? Juventa Verlag Weinheim und München.

ZICK, A. (1997):Vorurteile und Rassismus. Eine sozialpsychologische Analyse. Waxmann Verlag GmbH, Münster.

ZEIT ONLINE. (2007): Emos in den Medien.
http://kommentare.zeit.de/user/avsky/beitrag/2008/10/02/emos-den-medien
(10.06.2009)

ZIMMERMANN, F. (2009): Mein Kind du wirst dich verändern. In: Badische Zeitung. 13
März 2009 http://www.badische-zeitung.de/freiburg/mein-kind-du-wirst-dich-
veraendern (10.06.09).

ZIMMERMANN, P. (1984): Rock´n Roller, Beats und Punks. Rockgeschichte und
Sozialisation. Rigadon Verlag, Essen.

BECKER, R., MULOT, R., WOLF, M. (1997): Fachlexikon der sozialen Arbeit. Frankfurt
am Main.

Anhang

➢ **Anti-Emo-Song; GinTonik feat. Infekt**

➢ **Antworten der Umfrage mit Emos**

- Wie oder was bezeichnest du als Emo/ Was bedeutet es in deinen Augen Emo zu sein?

- Wie bist du dazu gekommen?

- Was ist noch typisch für Emos?

- Was Außenstehende wissen sollten?

Anti-Emo-Song; GinTonik feat. Infekt

1   Es verbreitet sich die Pest, diese Fucker.

2   Überall Lesben in Chucks, mit Blech in Fressen getackert.

3   Überall Schwuchteln im Drag, wie'n Dress, es is Stress für meine Augen.

4   Langsam glaube ich ihr testet mich echt: Und wie lange ich brauch, bis ich

5   austick, ich ausflipp, mir selbst wegen dem Bullshit die Pulsadern aufritz.

6   Ihr seid Hardcore, so Emo und Scene. euch alle quälte und verletzte dieses

7   Leben so tief, all eure Buhu-Trauerleben-Stories sind gleich.

8   Die Haarschnitte und die Schnitte in den Bodys sind gleich.

9   Die Klamotten, die Musik und alle Hobbys sind gleich und tausend gleiche

10   Emos schrein: bitch don't copy my style!!!

11   Angriff der Klonkrieger, diesen Text verfass ich euch, um euch zu sagen alle

12   Rapper außer Casper hassen euch.

13   Scheiße, Jungs stehn auf Jungs und die Girls stehn auf Schwule, ich schwör es

14   gab nie eine verstörtere Jugend!

15   Es ist hart kleiner Emo, ich weiß. Bitte ertränke dich doch einfach in den Trän'

16   die du weinst.

17   Ich weiß kleiner Emo, wie frustig es ist. Das Leben: Lustig ist nichts. Mach

18   einfach Schluss mit nem Schnitt.

19   Es ist hart kleiner Emo, ich weiß. Bitte ertränke dich doch einfach in den Trän'

20   die du weinst.

21   Ich weiß kleiner Emo, wie frustig es ist. Das Leben: Lustig ist nichts. Mach

22   einfach Schluss mit nem Schnitt.

23   Die Welt ist farbenfroh, du kannst es leider nicht sehn hinter deinem Köthe-

24   Haarteppich und nem Schleier aus Trän'. Ich feier das Leben, dich kann hier

25   keiner verstehn. Emo Gay, lass dir einfach deine Eier rausnehmen.

26   Die Augenlider geschminkt, du spielst gern mit Klingen rum und liebst als

27   Sensibelchen Lieder zu singen und Gedichte zu schreiben. Scheiße was trieb

28   dich dahin, dass du dich jetzt so zeigst. Das ganze Sieten-Gesindel mit Eyeli-

29   nern.

30   Das nennst du hardcore und cool? Du sagst du drückst dein Charakter aus, ich

31   sag du bist Schwul!

32   Du Mädchen!

33	Emo-Jungs finden Jungssachen dumm, sie heuln, schminken sich pink und
34	Emo-Jungs machen rum. Mit schicken Vans, Schlagringen an den Ketten und
35	Schal sitzen Emo-Boys und Girls in dunklen Ecken am Tag. Mit pinken und
36	blauen Haarverlängungskletten im Haar, ritzen Emo-Mamas sich den Einkauf-
37	zettel in Arm.
38	Es ist hart kleiner Emo, ich weiß. Bitte ertränke dich doch einfach in den Trän'
39	die du weinst.
40	Ich weiß kleiner Emo, wie frustig es ist. Das Leben: Lustig ist nichts. Mach ein-
41	fach Schluss mit nem Schnitt.
42	Es ist hart kleiner Emo, ich weiß. Bitte ertränke dich doch einfach in den Trän'
43	die du weinst.
44	Ich weiß kleiner Emo, wie frustig es ist. Das Leben: Lustig ist nichts. Mach ein-
45	fach Schluss mit nem Schnitt.
46	Guck Emo!
47	Ich kann mir das nicht geben. No!
48	Lidschatten, Chucks, alles andere als hetero.
49	Ja ich weiß: Von euch wird keiner in seim Leben froh. Du wünschst dir deinen
50	Tod, ho, den wünsch ich dir ebenso. Träne hier, Träne da, wer kommt schon
51	mit seim Leben klar? Jeden Tag denk ich auf der Straße: Man was seh ich da?
52	Blut, junge, Bitches am weinen in schwarz, alleine im Park mit dem Bein im
53	Sarg. Entscheide dich Plag, das Leben ist so schlecht, ich weiß du hast Prob-
54	leme, doch dir fehlt bloß ein Geschlecht!!!
55	Schreib ruhig Gedichte, wie schlecht es dir doch geht, über deine langen Haare
56	und das keiner dich versteht. Such dir ein Hobby oder fang an zu wixxen, statt
57	sich zuhaus bei Linkin Park die Adern aufzuschlitzen. Guck deine Arme, alles
58	voller Ritze!
59	Ich brauch nicht mal so viel Schnitte beim Fressen fürn Schnitzel.
60	Es ist hart kleiner Emo, ich weiß. Bitte ertränke dich doch einfach in den Trän'
61	die du weinst. Ich weiß kleiner Emo, wie frustig es ist. Das Leben: Lustig ist
62	nichts. Mach einfach Schluss mit nem Schnitt.
63	Es ist hart kleiner Emo, ich weiß. Bitte ertränke dich doch einfach in den Trän'
64	die du weinst. Ich weiß kleiner Emo, wie frustig es ist. Das Leben: Lustig ist
65	nichts. Mach einfach Schluss mit nem Schnitt.

Was bezeichnest du als Emo/Was bedeutet es in deinen Augen Emo zu sein?

1.

Es ist eigentlich so wie es alles andere gibt, wie z.B. Punker, Hip-Hop usw.... Ich habe mich alt in diese richtung entschieden, da es am meisten zu mir passt. Alles was ich mag verbindet mich mit dem Emo sein.... Und neue Freunde kennen lernen die das gleiche empfinden wie ich....Gefühle in der Öffentlichkeit zeigen.

2.

Emotianal Hardcore mischt Elemente von Gothic und Punk, wobei die Farbe schwarz in Make-up und Kleidung vorherrschend ist und mit grellen Farben gemischt, auch mit Dingen, die im Allgemeinverständnis als süß gelten z.B. sachen von Hello Kitty und so

3.

Seine gefühle offen zu zeigen

es gibt einmal den steyl emo da ist es so das man um jeden preis aufallen will und einmal die lebenseitellung emo , das heisst musik benemmen wenn man z.b proble-me hat rizt man sich

4.

ja halt die endsprechende musik zu hören der styl und die lebens einstellung

5.

Ja also eigentlich finde ich, es unterscheidet einen nicht viel von anderen, außer halt Musik, Style und auch die, wie ich finde, gefühlstiefere/gefühlsvollere (ich weiß grad nich' wie ich's richtig erklären soll XD) Einstellung.

6. -

7.

vieles...ich hasse Schubladen denken!!!

Hab viele Freunde die "Emo's"sind und hab viele gesehen die sich ritzen weil sie denken das muss man tun...voll dämlich-....ich kenn soviel "hardcore- emo's" die sich nicht ritzen und mehr emo sind als die möchgtegern! nicht dauernd zu heu-len,sondern einfach mit Leuten abhängen die die gleichen intressen teilen es ist eig.egal ob "emo"oder nicht!

ich hasse diese dummen vorurteile....

8.

Emotionen

Eine Person die sehr stark zu seinen Emotionen steht und Menschen um sich braucht+Emostile

9.

weiß nicht...

10.

Eig nur soo die musik und den style .. und halt sich von anderen unterscheiden nicht soo schikimicki tussi rumlaufen und alles .. einfach mal zeigen das es auch andere leute gibt die auf die meinung der andern scheißt.sich einfach in seiner haut gut zu fühlen und so sein wie man ist undsich nicht umstehlen oder iwie verändern nur damit man sich bloß richtig anpasst

11.

Inneres durch Äueres verköpern.

12.

die meisten meinen es ist ein kleidungsstil oder einfach nur IN.. ich empfinde es jedoch als mehr... eine musikrichtung die sich einfach weiter entwickelt hat und nun unter emocore gesehen wird, kann keinen eigenen stil haben, es ist halt nur musik... somit kann man den eigentlichen emos das emo sein auch nicht gleich beim ersten blick anerkennen.. klar haben sie einen kleidungsstil zumindest in der basis, weil man zb in knieangelhosen sich gar nicht richtig zu der musik bewegen koennte.. aber ich finde, diese aufgebauschten haare zb das das ehr die wannebe auszeichnet... fuer mich ist emo sein tiefgruendiger.. du hoerst einfach mehr auf die musik, auf die texte.. es sollte die musik sein die einem hilft und nich der stile an dem man meint andere emos zu erkennen..

13.

ich selber zu sein
jemand der zu seinem gefühlen

14.

Hmm gute frage....schlecht üba diese beschissene welt denken

15.

Man selbs zu sein und sehr gefühlfoll zu sein

16.

Sehr viel weil man da abwesend vom normalen Leben ist

17.-

18.

klamotten,musik,lifestyle,gefühle offen zeigen

19.

Man ist Kreativ,Sensiebel,hört meist Rock oder Schrei music und hat kein problem damit seine gefühle offen und ehrlich zu zeigen.

20.

Es bedeutet mir alles...ich bin viel offener wie früher

Emos zeigen stark ihre Gefühle,tragen oft schwarz, hören andere musik wie emotional hardcore oder screamo

21.

anders als die anderen zu sein.....?!

22.

Für mich bedeutet es, meine Gefühle aus zu drücken, z.B. wenn ich wütend bin oder so...

23.

Das mein sein leben so lebt wie man es will..man..Ritzt sich weil man schemrzen hat um sie zu vergessen..ich liebe den emo style.

leute mit einer anderen Lebenseinstellung..nur weil manche sich ritzen..heißt das nicht sie sind pychos..

24.

Emo zu sein bedeutet in meinen Augen das man besser mit Jugendlichen seines gleichen kann , bessere Freundschaften u.ä.

25.

Nichts wir sind Menschen wie alle anderen auf dieser Welt auch

Leute die sehr emotional veranlagt sind und die damit und ihren pro. Nicht klar kommen

26.

die menschen die ihre probleme durch ritzen oDa weh tuhn lösen und die voll deprie sind.

27.

die innere Einstellung steht oben bei punkt 3

28.

Anders zu sein nciht in der menge mit schwimmen sein leben zu leben einfach

29.

eigendlich nichts besonderes es sind ganz normale Menschen wie die anderen auch
es gibt manche Bands die heißen als oberbegriff emocore.Von ihnen wurde der
emostyle sogesagt entdeckt. Denn sie haben sich einen eigen Style angewöhnt und
ihre mit gänger (die Emos) wollen halt so aussehen wie ihr Vorbild und ziehen sich
deswegen so an manchen sich so eine Frisur und schminken sich auch so. Diese
Leute sind die Emos

30.

Liebevoll zu sein

31.

Mein eigenes Ding durchziehen... hm.... schwer zu definieren...
Gefühlsbetont. Das mit dem einsam Emo ist ein Klischee. Was kann man machen
wenn 90% der Leute um dich Idioten sind XD   spass ^^
Gefühle zu zulassen. Sich über die Welt und die Menschen Gedanken zu machen
und dies auch auszudrücken, auf welche Art auch immer....

32.

mh. Es bedeutet anders zu sein. vllt sogar auffallen zu wollen. Sich von der Masse
abheben.
Emo bedeutet Individualität. Auf der einen Seite auch die Musik aber auch der Style.
Es geht nicht nur ums RItzen!... Ich würde sagen EMO ist eine Lebenseinstellung.

33.

viel ein ganz anderes gefühle seine wahren gefühle zu zeigen und nicht alles zu
unterdrücken

34.

nicht viel anders ...gut man wirt zwar oft beschünft aber das stört mich schon lange
nicht mehr ..das zeigt ir das andere auf mich achten und mich bemerken ...weil ich
anders aus seh . wenn man offen seine gefühle zeigt das heist jetzt aber nicht zB.
nur weil jemand offen seine gefühle zeigt ist er ein emo da gehört noch mehr da zu....

35.

In meinen Augen bedeutet Emo sein, dass man es lebt. Es mag für andere komisch
sein, aber man lebt es einfach und steht dazu.

36.

anders als andere zu sein

wenn man offen seine gefühle zeigt und wenn man von den klamotten her und den haaren wie ein emo aussieht

37.

In meinen augen hat es keinen tieferen sinn da ich in diese scene „reingerutscht" bin. Aber viele emos denken das wenn man emo ist mehr emotionen hat als „normale" menschen. Dieser meinung bin ich nicht da alle menschen normal sind und viele emotionen zeigen bzw haben können. Dazu MUSS man kein emo sein

38. Für mich persönlich ist ein Emo nichts weiter, als ein Mensch, der sich selbst bzw. seine Gedanken und Gefühle gern nach außen hin zeigt und trägt in Form von Musik, seinem Styling,Bildern, Poems usw., dabei finde ich ist es NICHT relevant, ob man sich selbst Verletzungen zufügt, oder verstärkte Depressionen hat

39.

Die Musik zu hören, sich nicht mainstream zu kleiden.

40.

Sitzen in der ecke und weinen immer Depression haben schreien wann ich will und wo ich will machen alles unmögliches

41.

Am wichtigsten ist meiner meinung nach eine eigene meiung und style zu haben.

42.

Emo bedeutet: keine mode!!! lebenseinstellung und nicht alle emos ritzen!!! emo wird man z.B. wenn man zu oft verletzt wurde oder sich die seele langsam *auflöst*! nicht alle emos sind immer depri es gibt auch fröhliche emos aber es stimmt das wir gerne weinen!!! die leute beschwären sich über uns emos und ahnen nicht das sie selbst schuld sind...sie haben uns verletzt und ausgeschlossen!!! eigentlich sind also die leute (emohasser) schuld das wir überhaupt emos sind!!! emos haben sehr viel mut und selbstbewusstsein sonst könnten sie die ständigen beschimpfungen gar nicht aushalten...wir sind stark!!! emos haben sehr stark ausgeprägte gefühle und man kann sie sehr sehr schnell verletzen!!!

aber beachten...nicht alle emos müssen schwarze oder weißblonde haare haben nur bei den meisten im netz ist das so!? im netz werden emoboys immer als schwul dargestellt das sind sie aber zu 98% nicht!!! und dimädchen stehen auch zu 81% nicht auf schwule emoboys

43.

des man gaile weiber um sich hat xDD

44.

Emo sein heisst seine Gefühle (Frust, Trauer, Wut,...) ungeniert zu zeigen

45.

Über die wichtigen Dinge des Lebens nachdenken, zum Beispiel wahre Liebe ohne Geld und Luxus, philosophieren, zum Beispiel über Leben nach dem Tod

46.

Für mich heißt Emo, das ich anders bin und das bin ich gerne. Für mich heißt es auch stark verletzlich zu sein, denn das bin ich und ich kleide mich anders als meine Mitmenschen (nur schwarz, pink, rot, lila). Meine Haare unterscheiden sich auch *etwas* von denen der Anderen. Ich bin gerne anderst!

47.

Emo kann jeder sein dem die Kultur und die „mentalität" gefällt. Ich finde es nicht wichtig, die musik zu hören oder bedingt so auszusehen, ich meine die uraltemos erkennt man ja auch kaum (:

48.

Sich von anderen zu unterscheiden

49.

 Es ist einfach eine Lebenseinstellung zur Musik und dem Klamottenstil, die im laufe der Jahre eh vergehen wird. Denn ich glaube nicht das die heutigen Emos mit 40 auch noch welche sind

50.

Emo ist in meinen Augen schon ein falsches Wort, das sich von bestimmten Jugend-magazinen rauskristallisiert hat. Deshalb fange ich mit dem Wort ungern was an.

51.

Es gibt eigendlich keine festlegung wie ein Emo sein muss! Da eigendlich jeder Emo seinen eigenen Style hat! Aber die Musik ist eigendlich meist gleich. Manche drücken ihre gefühle mit der Musik aus, wenn sie in bands spielen, andefre einfach mit der musik die sie hören. Man lässt einfach seinen Gefühlen freien lauf. und zeigt sie.

52.

Emotional zu sein und/oder den style zu tragen und die musik zu hören(muss aber nicht sein)

53.

es bedeute für mich meine gefühle zu zeigen

54.

emos sind menschen die ihre gefühle in Musik Kleidung und gedichten ausdrücken

55.

für mich bedeutet emo seine gefühle offener zu zeigen als andere und nach seinen gefühlen zu leben

56.

57.

-ich denke schon ja wenn ich gefragt werde antworte ich schon mit den worten ein emo zu sein....ich höre immer wieder von anderen über sich selbst reden das sie kein emo sein wenn das so wäre dürfte es gar keine emos geben wenn niemand wirklich zu steht ich denke es ist eher die angst mit den ganzen wanna-be emokindern in einen topf geworfen zu werden .

58.

59.

In meinen augen ist man kein EMO wenn man den style trägt oda einfach nur so einen haarschnitt hat für mich bedeutet es EMO zu sein wenn manmdie lebenseinstellung hat,da kann man au nich so aussehen un normal rumlaufen.

60.

Der style aber man muss kein emo sein die sich ritzen oder die ganze zeit traurig sein müssen!!

61. -

62.

die musik zu hören (emocore,schreamo etc) und sich so zu kleiden

63.

Für mich bedeutet Emo sein, seine Individualität ausleben und sein wie man sich fühlt und seine Gefühle offenkundig machen.Klischees wie zum Beispiel "Dauerdepri" und "Ich hasse mein Leben" sind meiner meinung nach nur gering vertreten Jeder glaubt er sei so wie er sich fühlt,doch die Emos tuen dies unter einigen wenigen anderen wirklich!sie leben ihren Spaß aus und belassen es nicht bei kleinen Witzen und bisschen Gelächter ;)

64.

Ist für mich Musik aber nicht sowas wie panic at the disco my chemical romance etc. sondern so ne musikrichtung die vom hardcore punk abgespalten ist. Bands z.B. Fugazi, Moss Icon, Rites of spring, Husker du etc.

Wenn man weiß was Emo ist, sich kleidet wie ein Emo und Emo hört.. und die Musik liebt

65.

Ich glaube, heute kann man nicht mehr wirklich unterscheiden, wer ein wirklicher Emo ist und wer nicht. Zwar gibt es viele, die sich wie ein Emo kleiden, aber das „Herz" des Begriffes – nämlich die Liebe zum Emocore – teilen nicht alle. Meiner Meinung nach kann man sich eigentlich nur noch so definieren: Liebe zur Musikrichtung + Kleidungsstil + einfach nicht übertrieben angeben, dass man „Emo" ist = „richtiger" Emo. Es gibt zur Zeit viele Jugendliche, die sich sehr extrem über Musikrichtung definieren. Dadurch kommt es zur Gruppenbildung und durch Vorurteile (bei Emos z.b. Ritzen) schnell mal zu Ausgrenzungen oder Streit. Jugendliche finden einfach nicht mehr zueinander, wenn es heißt: Du bist Emo, du bist mein Freund. Hey, ich bin Emo – guck dir mal meinen tollen Style an – Hopper sehen ja so ****** aus in ihren Klamotten. <- das meinte ich mit „angeben". (Sry, mein Synonymwörterbuch ist weg, mir fallen machmal die passenden Begriffe nicht ein.)
- damals hat sich jmd. Als Emo bezeichnet, der die Musikrichtung mochte. Wie bei jeder anderen Musikrichtung entwickelt sich mit der Zeit ein gewisser Kleidungsstil (z.b. bei Hip-Hop oder Punk). Vor ein paar Jahren wurden dann Kleidungsschnitte entwickelt (vielleicht wurde auch hier und da abgeguckt), die man eher der „Szene der Musikrichtung" einordnen könnte. Dadurch, dass diese Styles in Mode kamen, nannten sich immer mehr Jugendliche „Emo" (frei nach dem Motto: Die Kleidung sieht so aus wie die der „Emo-Hörer", also – na ja – bin ich ja auch ein Emo). Und irgendwann kamen dann auch noch sehr, sehr junge Leute dazu, die diese Styles einfach nachmachten, ohne die Musik zu hören oder... man könnte es auch als „Wannabes" bezeichnen.

66.-

67.

Erstmal das Aussehn. Schwarze Haare, Schwarze Klamotten (es reichen auch auffallende)alle emos fallen auf, egal wie., dann der Musikgeschmack (hören my chemical Romance, Bring me The Horizon ua.) . aber am wichtigsten ist aber die Lebenseinstellung, ---> Emotionaler zu sein,mehr auf gefühle zu achten. Mehr Romantik in einer Beziehung.

68.

sein leben zu leben und so sein wie man will und seinen gefühlen ausdruck verleihen

69.

ne gute frisur (visual kai style),geglättete haare enge klamotten röhren jeans, schwarz bunte klamotten u.s.w.

70.

also ich würde mal sagen es ist so als bist du hopper oder metaler oder punk... du hörst die musik und trägst einen style der damit zu tun hat...

71.

Menschen die sehr offen mit ihren Gefühlen umgehen, die sich nicht schämen (in welcher szene sieht man so viel homosexualität??) sie zu zeigen...den auffälligen Style es ist meine lebensweise...die art wie ich mit Dingen umgehe

72.

Emo's sind aus meiner Sicht Emotionale Menschen. Eigentlich wie jeder, aber immer mehr oder weniger als andere. Emos sind auch die, die den Style nachmachen, also eigentlich fast alle. Die Vorurteile die Emos zugeilt werden, machen eigentlich alles schlechter, wie z.B. Das Ritzen. Nicht viele Emos ritzen sich, aber manche tun das aus Verzweiflung.
Den Style nachzumachen und Emotional zu sein. Die Musik ist nicht so wichtig.

73.

In meinen augen ist jemand dann EMO , wenn er den style und die passende musik hört wie z.B. : screamo , emocore oder post-hardcore und nicht indem er sich ritzt oder andere typischen "emosachen" macht.

74.

emo is wie oben schon beschreem mainstreem gefasel und wenn überhaupt ne musikrichtung

75.

es bedeutet für mich das ich so bin wie ich bin mich nicht verstelle nicht einen auf obercool amche und gefühle zeige und offen zu meriner meinung stehe und sage was ich denke ! auch das ich überlaa meine gefühle zeige das heißt nicht nur deprimiert sondern auch extrem glücklich doer durchgeknallt xD

76.

als emo bezeichne ich leute die emotionen mehr ausleben als andere menschen(emo kommt übrigens von emotional hardcore)

77.-

78.

emocore zu hören,sich stylen wie emo und emo-einstellung zu haben.

79.

Hmm. eig nur wenn man die Musik hört. & sich so "Stylt".

80.

Man brauch du lebenseinstellung(die einstellung) dazu man muss nicht unbedingt wie ein emo aussehen aber es gehört doch irgentwie dazu

81.

Also Wenn man einen Emo Haarschnitt hat und halt z.B enge Hosen und viel schwarz tragen . Und natürlich die Musik . Emocore

82.

das man einfach anders denkk über sachen die einem passiert ist un man kann dann auch viel mehr mitgefühl haben mit den anderen wenn ihnen mal was passiert ist un man zeigt halt seine gefühle offener als "normalies"

83.

Den Style zu haben

84.

Einen Lifestyle zu leben, seine Emotionen nicht zu verstecken und die entsprechende Musik zu hören.

85.

Eine Tolerante Jugendbewegung die die gleichen Interessen teilt. Die sexuelle Orientierung wird akzeptiert.

Andere so zu akzeptieren wie die seid, über alles reden können, Kleidung ist wichtig

86.

Wenn es wirklich nach einer Charaktereigenschaft geht, ist jeder Mensch ein Emo, da jeder lacht, weint, mal unglücklich ist und einen Tiefpunkt erreicht. Emo bedeutet für mich, in der Musik seine Gefühle und seine Gedankengänge über Personen oder Situationen oder anderes stärker zum Ausdruck zu bringen.

87.

Menschen, die zum einen nicht wirklich wissen, wie sie mit ihren Gefühlen umgehen sollen und sich in schweren Zeiten autoaggressives Verhalten antun, da sie keinen anderen Weg sehen (Dennoch finde ich es recht schwachsinnig, wenn sich die 14-jährigen aus einer Bewegung heraus ritzen, weil sie denken das gehört daz oder damit sind sie cool... ritzen z.B. ist eine psychische Störung und sollte nicht so einfach hingenommen werden – nur mal so nebenbei ^^) und zum anderen vllt auch Menschen die einfach sehr emotional sind, was ja nicht heißt, dass es nur schlechte Emotionen sein müssen… es ist ja nicht jeder gleich depressiv, weil er mal weint oder schwarz trägt. (Also ich weiß nicht, wie man es anders ausdrücken könnte ^^°) Für mich hat „emo" sein nichts mit der >Musikrichtung oder dem Kleidungsstil zu tun. Für mcih ist es eine reine Lebenseinstellung in dem Sinne, wie sich die Person verhält, mit seinen Gefühlen und Problemen umgeht und nicht, wie diese aussieht.

88.

Emo sein bedeutet für mich eigentlich nicht wirklich ritzen und dauernd heulen. Ich selber bin ein sehr fröhlicher Mensch von daher seh ich das nicht so. Emo ist aber eine Lebenseinstellung. Und nicht wie alle immer sagen: Musikstil oder ein Style.

89.

Gefühle zeigen, den Style, zu sich stehen, gefühlsvoll und jeden eine Chance zu geben ihn zu lieben.

90.

Emo sein bedeutet mir sehr viel. Ich fühle mich in der Szene einfach geborgen & verstanden. Als Emo bezeichne ich Menschen die sich so Stylen wie Emos, d.h. viel schwarz& pink, überhaupt auffällige Farben, Nietengürtel, Chucks, toupierte oder/und lange Haare in allen Farben etc. wobei ja jeder andere Vorlieben beim Styling hat, die Einstellung und Art des Auftretens spielt glaub ich auch eine wichtige Rolle um einen Menschen als Emo zu bezeichen.

91.

leute bezeichne ich als emos wenn sie : die musik hören (screamo,death metal(,pop),crank core. so diese richtinungen), sie entsprechend aussehen (marke wie bei imperial, band shirts, röhre, caps, nikes vans oder converse schuhe. der neue emo trend für die leute die sich abheben wollen sind so glamour sachen wie gucci chaniel YSL oder sowas.

92.

Musikrichtung oder/und Jugendbewegung oder/und Lebenseinstellung ??
Emo ist eigentlich eine Musik-Richtung, genauer gesagt eine Untergruppe des „Hardcore-Punks". Bands wie „Refused" vereinten als erstes emotionale Texte mit härterer Musik. „Emotional Hardcore" war geboren. Sie prägten dann auch den „Seitenscheitel-Look" ;-)

Für mich persönlich ist es eine Musikrichtung. Niemand kann eine Musikrichtung sein! Man sagt ja auch nicht „Bist du ein Hip-Hop?" Eine Jugendbewegung... Sie wurde mehr oder weniger erfunden. Dazu habe ich eine gute Reportage, schau's dir mal an!

93. -

94.

Es bedeutet für mich das ich emotional bin und für meine freunde da zu sein, egal ob emo oder nicht.

Emo Musik ist eine linken Musik und die rechten hassen sie, ist auch etwas Punkmusik. Emos werden so gesehen das sie schwarz meistens anhaben mit den farben weiß, rot, lila tragen in Kombi. Auch kariert tragen sie sehr oft und bemalen sich die augen schwarz an. Aber so läuft nicht jeder emo rum, dass ist nur die emo mode, manche laufen auch ganz „normal" rum, es entstand nur eine mode daraus.

Emos bezeichne ich sehr emotional und decken die wahrheit über gefühle und schmerz auf, ob nun in gedichte oder lieder

94. -

95.

Emo bedeutet für mich, schwarze Kleidung kombiniert mit leicht auch anderen Farben. Ich bezeichne mich selbst als auch sehr nett, sehr sensibel, doch wenn's hart auf hart kommt kann ich denn auch ganz anders. Ich habe meistens extrem gute Laune und wenn's mir schlecht geht dann hab ich extrem schlechte Laune. Aber insgesamt bin ich ein sehr lebenslustiger Mensch.

96.

Er lebt seine emotionen aus,das heißt nicht das er sich ritzt...viele denken weil sie sich ritzen,sind sie emo...das ist totaler mist!

97. -

98. -

99.

ein fast ehrlicher mensch zu sein

100.

seinen gefühlen stehn, sich so zu kleiden und diese musik zu hören

Wie bist du dazu gekommen?

51.

Ich bin durch die Musik dazu gekommen. Sie hat mir einfach gefallen und damit kann ich auch meine Gefühle meistens ausdrücken

52.

habe von der Jugenkultur erfahren und die musik gehört und irgentwie hat sich das alles dann so entwickelt

53.

doch freunde

54.

weil meine Freundin schluss gemacht hat un ich mit allen streit hatte un mich immer leute gehasst haben

55.

naja in meinem freundeskreis haben halt viele über emos geredet und da hab ich mich nach einer zeit angefangen dafür zu interesieren

56.

durch freunde

57.

es hat angefangen mit einen lied was mich bis heute und auch für den rest meines lebens begleiten wird...und alles was mit diesen song zusammenhängt macht mich aus und hat mich für immer verändert,es sollte wohl so sein das ich diesen weg einschlage und bereut habe ich es nie...ich habe leute gefunden die ich nie mehr missen möchte und die für mich die welt bedeuten ...es ist für mich eingefühl ange-kommen zu sein einenn ort zu haben an den man zurück kehren kann und weiss das man mit einen lächeln in den arm genommen wird.

58. -

59.

Musik

60.

durch freunde und videos

61. -

62.

ich hab mich schon immer für die musikrichtungen interessiert und irgendwann einfach angefangen mich auch so zu kleiden und zu stylen weil es mir einfach gefällt

63.

Ein Freund von mir trug plötzlich emostyle und hat mich nach einer Zeit i-wie überreden können auch emostyle zu tragen

64.

Durch die Musik die ich höre

65.

Zum Emo-sein. Erst dadurch, dass man viele Visual-Kei Klamotten mit dem Emostyle mixen kann und immer noch gut aussieht. Zur Musik bin ich später gekommen. Eigentlich bin ich von Herzen her Visu, aber auch ein kleines bisschen der „Gruppe" Emo angehörig. :]

Ich habe viele Freunde, die sich in die Gruppe der Emos einordnen und das hat ein bisschen auf mich abgefärbt. Man kann es so ausdrücken: Ich bin ein Visemo. xD

66. -

67.

durchs Internet und durch Musik (in Rockon gesehn :D)

68.

Musik gehört toll gefundn un zu dem style gegangn

69.

mir hat der style einfach gut gefallen...

70

. mir hat angefangen die musik zu gefallen, ich fand die haare teil, und das auftretten.,also nix mit ritzen, depressiv sein oder anderes

71.

hat sich so entwicklet kp

72.

Hmm.. wie gesagt durch die Erlebnisse mit meinem Opa und so. Und weil ich den Style einfach wundervoll finde

73.

angefangen bei mir hat es mit der musik! ich fand die musik im internet (youtube) und habe mir die videos von den bands angeschaut ! mir gefiel der style von den leuten und hab angefangen mich auch so zu kleiden! im internet habe ich nach leuten gesucht , die genauso sind wie ich und habe nicht gedacht , dass es so viele sind

74. -

75.

durch viele probleme

76.

ka da gibts echt vieles -ich fand den style nur geil und meine beste freundin ist emo mein bester freund punk und ihc war da noch normalo und das wollt ich nicht mehr bleiben und da ich auch die musikrichtung geil find hat sie mich halt zum emo "erzoge

78. -

79.

erst wusste ich selber nich worum es ging. & dachte das man ziemlich "Emotional" wäre.. was ich auch als weinerlich bezeichnete.. aber naja.

80.

Es hatt mich sozusagen gefunden es kamm einfach

81.

Durch meine exfreundin.... aber wollt sowiso meinen Style zu ändern

82.

Ich hab halt daran gedacht als ich im Krankenhaus lag da hatte ich genügend zeit darüber nachzu denken besser in der schule zu sein aber wengiger falsche freunde un am besten garkeine ich habe mich von jeden von dennen verabschiedet bin aber relativ normal mit ihnen befreundet möchte es aber nich mit ihnen gesehen zu werden....un hab halt darüber nach gedacht weil ich ja schon 3un halb jahre in der phsyschatrie war wegen depresionen un selbstmord gedanken dahin geschickt un halt das ich einfach anders bin un anders denke wie die anderen un halt mehr erlebt habe als andere 14jährige kleinkinder!

83. -

84.

Durch die Musik

85.

Ich habe gemerkt das viele Emos schwul sind und das es in der Scene Akzeptiert wird also dacht ich probierst du das mal aus. Und schon war ich ein Emo

86.

Durch eine Freundin, die in einem Forum angemeldet war, und mir eine Band gezeigt hat.

87.

88.

Von allein. Ich bin manisch depressiv geworden und hab mich geritzt. Alle haben mich deshalb Emo genannt, jetzt bin ich einer aber damals nur wegen dem ritzen war ich noch keiner!!

89.

Internet und ausprobieren

90.

- Ich habe durch Zufall auf Emobilder im Internet gestoßen und Zeitungsartikel gelesen die mich sehr interessierten. Ich fand den Style sofort total toll und stylte mich kurze Zeit später auch mal so wie die Emos auf den Bildern, es gefiel mir auf anhieb. Anfangs traute ich mich jedoch nicht wirklich den Style durch zusetzten, da man mich in der Schule direkt ansprach und sagte :"Bist du jetzt etwa Emo?" Als ich dann „ja" sagte, lachte man mich nur aus und sagte Dinge wie „Scheiß Emo, geh in die Ecke ritzen" oder ähnliches. Aber seit einiger Zeit kann ich gut damit Leben was andere zu mir sagen, mein Selbstbewusstsein ist dadurch gestiegen und mir ist es nicht mehr unangenehm zu sagen : „ja, ich bin ein Emo"!

91.

Das aussehen auf Youtube hat mich Fasziniert. Bestimmt ist vieles bearbeitet undso klaro sind meine bilder ja auch teils. aber ich fand den syle einfach

92.

Bilder, wo Leute den „Emo-Style" in Form von Scheitelfrisur und Schminke tragen. Dann habe ich die Musikrichtung „Screamo" entdeckt, deren Bandmitglieder auch in dieser Richtung gekleidet sind und mir gefiel dieser Style!

93.

Ich hab angefangen mit der musik und dan hab ich da mal bischen im internt gestöbert und ja hab gesehn das das in de USA weit verbreite ist und hab mir mal gedacht kleidest dich auch so und kopierst de styl

94. Mich hatte das irgendwie interessiert was für leute das sind.

Hab mich umgehört in zeitung, freunden.

Hatte auch umfragen mal geschrieben und verschickt ;)

Eigentlich nur weil mir ihr style zu sagt, aber nicht ganz ^.^

95.

Durch Bilder aus dem Internet. Fande den Style sehr cool. Sieht sehr schön aus in meinen Augen

96.

nfangs fand ich den styl nur cool, i-wann wurde ich durch freunde zu einem emo, was ich nicht bereue

97.

weiß nicht ich hab mir die haare mal aus spaß gefärbt und auftupiert und wie gesagt ich bin schln emo gewesen da gab es das noch garnicht richtig

98.

99.

weil ich mein leben in die hand bekommen habe

100.

durch meinen verstorbenen freund

Was ist noch typisch für Emos?

1. -

2.

Emos haben ihren eigenen Style!

Schwarzer Kajal, schwarze Kleidung (meist die Bedeutung der Traurigkeit), schwarze Haare, blasse Haut. Emos sind aber auch Partygänger.

3.

Emos sind verträumt und haben einen hang zur melancholie!!!emos wollen spaß miteinander und lieben partys

4.

sind sehr ruhig

5.

Typisch.. naja ich würde sagen man kann nicht irgendwie eindeutig sagen Schwarze Klamotten bzw. bunte Klamotten/Schleifen/Hello Kitty oder anderes ist typisch für Emos, denn vieles davon mögen auch Leute die ein anderen Style für sich haben z.B. Visus, Decora, Gyaru oder Manba.

Und ich finde eh im Großen und Ganzen sollte man nicht immer auf das Äußere achten.

6.

Klamotten und Frisur.

7.

Ja...das Vorurteil Stimmt.."Emo's" sind emotional aber es hängt vom Menschen ab....wie gesagt man kann nicht alle Menschen in eine Schublade stecken....klar finden sich Menschen immer in Gruppierungen wieder egal ob Hopper,Emo's oder oder aber auch in den Gruppen gibt es verschiedene Charaktere

8.

Schwarz,tolle Frisuren,toll geschminkte augen,geniale Klamotten

9.

Schwarze haare (evtl bunte strähnen)

schwarze kleidung

10.

Es gibt 2 sorten von emos .. eine die sich ritz und im selbstmitleid ertinken.! und die andere ist einfach das die so sind wie sie sind .. fröhlich .. dennen ist wirklich nichts peinlich .. die rennen singend durch die statd und dennen ist es realative egal was die leute über die denken und leben ihr leben einfach aus .. sie sind soo wie sie wollen und fertig .!

11.

Kajalstift, Eyeliner(:

12.

leider mitlerweile der stil irgendwo... aber fuer mich ehr, das ueberlegte, fuersorgliche, hilfsbereite, auf song texte achtende, welt verbessern wollende, der leichte hang zum vegetarischem essen (keine ahnung warum), die piercings und tattoos, generelle offenheit und akzeptanz / aufgeschlossenheit...

13.

aussehen

14.

Gefärbte haare dik gescmiinkte augen

15.

Das sie sehr gefühllfolle menschen sind

16.

Eigentlich nur das ein emo pircings hat und sein style muss wie ein emo sein also keine weiten Hosen und meist gestreifte Sachen oder mit Karo

17.

verhalten aussehn die art

18.

wie schon gesagt...scroll hoch xP

19.

Der Style, die meisten Emos Haben Schwartze Haare oder Bunte Stränen. Einen Großen Ponny.
Meistens Schwartze und Knallige Klamotten.
Lieblingsschuhe: Chucks, Vans und Ballerinas

20.

Karo muster, verspielte sachen wie hello kitty. totenköpfe

21.

viellt ein bisschen die redensart.....so ne komisch halt....

22.

Meißtens das aussehen.

23.

oh gott..keine ahnung..

24.

Emotreffen Skaten Biken sich mit freunden treffen Saufen bunte Frisuren sich gegenseitig Frisieren

25.

Schwarze kleidung gefärbte haare u.s.w.

26.

depprie sein .. 2 farbig oDa schwarz rumlaufen

27. -

28.

Schwarze sache und ausgefallene Haar styls

29.

hauptsächlich der Style (dunkle Farben Lila und Schwarz gestreift und karos so wie lange haare und meistens ein Pony übers Auge) und die Musik (Rock)

30.

Die musik und das sie nicht so arrogant wie andere sind

31.

So groß der Unterschied der heutigen Emos zu den Origin-Emos vom Style her erscheint, so viele unterschiedliche Emos gibt es auch. Ich denke es gibt keine äußerlichen Merkmale. Leute die gezielt versuchen sich in diesen Stil durch Äußerlichkeiten hinein zu zwängen haben meist nichts mit wirklichen Emos zu tun.

32.

der Ponny der ins gesicht fällt

33.

Schwarz oder auffällig kleiden schminken

34.

auffällige klamotten.... und ihre harre

35.

Typisch für Emos sind noch die Klamotten, aber es ist jetzt nicht so das man dementsprächend angezogen sein muss um ein Emo zu sein. Sondern, andere sollen sehen das man ein Emo ist und dazu steht.

36.

auffällige klamotten und haare

37.

Auffälliger style, auffällige frisur (vor allem bei mädchen)

38.

Ganz typisch und klischeehaft: die Farbe lila, auffällige Haarfrisuren, Piercings, Tattoos, Musik machen, Poems schreiben, die Frabe schwarz, usw...

Ich denke nicht dass es richtig „Merkmale" gibt, jeder entwickelt seinen eigenen Style..

39.

mhh. typisch emo ist schwer. Für mcih persönlich gehören die gefühlvollen Texte der Musik und schöne Gedichte.

40.

laute rock Musik; lila Farben ihren wo lange schwarze oder lila Pony

41.

gedichte

42.

steht alles ober bei frage 3 und 6...ach ja emfreunde haben sich sehr lieb, denn emo und emo passt einfach gut zusammen (da kenn man sich mal ausheulen ohne missverstanden zu werden)

43.

immer schwarz, immer mit geile weiber herum hängen

44.

Der Seitenscheitel der ein Auge wie eine Maske verdeckt.

Auffällige Klamotten!

45.

dunkle Schminke, keine "Püppi-Misik" (z.B. Lady Gaga, Katie Perry...)

46.

Emos sind gerne anders und lieben ihre Emofreunde, da es davon wahrscheinlich nicht sehr viele gibt. Wir ziehen uns anders an und sind schnell verletzlich, da wir schon einiges hinter uns haben. Sonst wären wir ja nicht Emos! Wir sind höchst emotional und die meisen unserer Art mögen Hardcore. Es stimmt auch nicht das wir *Heulsusen* sind! Wir weinen vielleicht mehr aber unsere Mitmenschen sind eigentlich schuld, da sie uns wie Dreck behandeln und uns nachsgen, wie man nur so rumlaufen kann. Wir haben meistens schwarze oder weißblonde Haare, aber manche Emos sehen auch nicht aus wie Emos und fühlen nur so ...!

47.

Es gibt keine typischen Merkmale für Emos. Wir sind ja keine Tierrasse (:

48.

Sternchen, bunte farben in den haaren, pornobrillen, immer in gruppen gehend, lachen viel, im sommer auf den wiesen sitzen un chillen,

49.

Alkohol. Zigaretten. Sex.

50.

Die Frage kann ich nicht beantworten. Wie gesagt, ich und viele meiner Freunde sehen uns als normale Menschen. Deshalb machen wir das, was normale Menschen auch machen. Wir leben unser Leben.

51. -

52.

schwarzes Styling, längere Haare, Haare meistens im gesicht, Vans, Chucks, Skaterschuhe, Nietengürtel, Röhrenjeans...usw..

53.

die haare im gesicht und ziemlich bunte kleider

54.

sind meisten sehr emotional

55.

naja für emos is halt typisch wen sie sich die augen schminken die haare meist über eine auge schwarze haare und manche haben auch pircings

56. -

57.

-in der heutigen zeit ist es wohl der kleidung und der style....leider ist es ja verbreitet das alle emos dauer depremiert sind und nur am heulen sein was schwachsinn ist alle leute die mir begegnet sind ,sind liebe nette aufgeschlossene leute auch sehr fröhlich mit denen man ne menge scheise bauen kann^^ aber ich kann nur von meinen erfahrungen sprechen und sicher sind bei weiten nicht alle so aber im grossen ganzen sind es nette leute und man fühlt sich verbunden weil man ja auch tag täglich mit den selben vorurteilen und beschimpfungen leben muss. Jeder ist auf seine art einzigartig also denke ich das nichts typisch ist.

58. -

59.

Das es total nette un lustige menschen sind

60.

das schhminken

61. -

62.

der pony, die art sich zu kleiden, d.h. schwarze röhrenjeans z.b. oder ähnliches

63.

Sie machen was sie wollen und haben eigentlich immer spaß dabei =) , meist einen Pony der über ein Auge geht und immer glatte oder gestylte Haare

64. -

65.

Hmmm... ich denke, richtige Emos stehen über diesen Dingen mit den Wannabes und mit den Klischees. Die wollen einfach nur ihren Musikgeschmack mit Kleidung unterstützen. Die meisten Emos sind meiner Meinung nach eher intelligente Wesen, die sich in Situationen reinversetzen können und Menschen nicht nach Stil einordnen. Zumindest habe ich bisher nur intelligente Emos getroffen. Wannabes sind nur ums Aussehen bemüht. Sie wollen Anerkennung und sich eindeutig einer Gruppe zuordnen. Deshalb gilt: Mein Style ist toll, alle Stilrichtungen, die zu sehr von meiner Eigenen abweichen, sind ******!

66.

67.

-Emotional zu sein- sich niemanden anpassen wollen anders zu sein als normale

68.

so sein wie man will bunt und kindlich

69.

70.

Ich würde mal sagen das typischte bei emos ist das unnormale auftretten mit ihrem aufwendigem style, schwarze haare oder auch bunte. und röhrenjeans sind muss.und was mir zum teil oft auffällt ist das die jungs alle recht dünn sind.

71.

Style, Musik, Glöckchen, Game Boy Spiele

72.

Der Style

73.

typisch für emos ist die musik , ihr style , auffälige schminke , dunkler gekleidet/ bunt gekleidet oder auch vorliebe am gleichen geschlecht (bi)

74. -

75.

der Style

76. -

77.

über augen fallender pony, aber kein muss

78. -

79.

Hmm. das sie angeblich ziemlich weinerlich sind. was als "Emotional" bezeichnet wird. aber man muss auch bedenken auch eine

80.

Wir lassen unseren gefühlen freier lauf,wir sind eine witzige und gefühlvolle gruppe;helfen uns bei unseren problemen…

81.

Hmm... Gefärbte Haare, und anders sein als andre^^

82.

haare hoch topieren/ die musikart / un die schminke/ un klamotten

83.

Die Schwarz- Bund kombination

84.

Die Frisur.

85.

Aussehen und Kleidung, Verhalten, Toleranz

86.

Für die selbst ernannten Emos sind schwarze, platinblonde oder alles durcheinander-farbige Haare, Piercings an allen möglichen Stellen, ganz viel Kajal unter den Augen, Haare ins Gesicht geglättet und dunkle oder auch ganz knallige Klamotten typisch.

87.

Wenn man den Gerüchten glauben darf, dann reicht es ja schon, wenn man ein Palituch trägt, oder einen Piercing hat. Aber ich persönlich weiß nicht, ob man jetzt sagen kann, was typisch ist, aber sicherlich, die farbe schwarz, wobei es ja nun ncht ausschalggebend ist, ich denke, die menschen können sich einfach besser mit der Farbe identifizieren, da sie ja in der Geschichte und auch seit Jahren für was Dunkles steht oder auch Geheimes. (Ist meine Theorie XD)

88.

Eigentlich der Style. Aber man kann auch Emo sein ohne des Style. (Schwarze haare, bunte Buttons und Spängchen, hauptsächlich schwarze klamotten, Piercings am besten selber gemacht, chucks)

89.

Schwarze/dunkelbraune oder hellblonde Haare. Muss aber nicht. Franzige Frisur. Schwarze klamotten und der rest bunt

90.

Ich finde sie haben alle ein großes Herz und man kann mit ihnen über alles reden, zumindest sind so die Emos die ich kenne. Nichts muss einem peinlich sein, man kann offen über seine Probleme, Gefühle und Wünsche reden.

91.

alleine noch rotzen ist nicht typisch für emos. für faggots vielleicht !

Typisch sind so sachen Wie Nietelgürtel und bunte haare gibt vieles

92.

Röhrenjeans, Schminke, Frisur, Chucks/Vans.(Schuhe!)

93.

Ja also die typischen Friesuren ,das make up auch bei männern ja die Kleidung

94.

Na die emotionale Musik. Die kleidung schwarz mit Kombi weiß/rot/lila/grün, kariert Beschminkte augen. Schwarz haare. Bei Mädchen eine leicht verspielte art im aussehen mit Plüsch, piercing in der lippe

95.

Röhrenjeans, Chucks, Vans, Typische Emofrisuren

96.

Die meisten emos sind bi

97.

der styl an sich die haare das makeup die klamotten

98.

Schwarze Haare / schwarz geschminkt / schwarze Kleidung

99.

Musik und Kleidungsstil und dazu noch in ihrem Verhalten

100.

Was Außenstehende wissen sollten

1.

Emos sind auch nur Menschen...sie zeigen ihre inneren Leiden...andere behalten sie für sich...kleiner Unterschied...aber doch fast gleich... Es gibt keinen Menschen auf der ganz weiten Welt der noch nie leiden musste.

2.

Egal ob Emo, Punk, Hoper (.......) Deutscher, Türke, Spanier, Amerikaner, Lehrer, Busfahrer oder sonst irgendwas. Wir sind alle Menschen „Ein deutsches Kind, ein afrikanisches Kind und ein albanisches Kind drücken beim Spielen ihre Hände in den Sand. Nun sage mir: Welche Hand ist von wem?

3.

Emos denken positiv...sie tragen dunkle aber auch knallbunte klamotten,haben gefärbte ströhnen und geglättete haare die von einer seite ins gesicht fallen

4. -

5.

Was mich stört ist eher die Oberflächlichkeit der Gesellschaft heute.

Man schaut nur noch was jemand an hat oder ob jemand hässlich oder schön ist. Es ist eher was allgemeines was mich stört.

Man merkt oft in der Schule, das wenn man sich auffällig oder anders stylt meist gegen eine Mauer von Unverständnis läuft.

Ich kenne es selbst.

Ich falle mit meinem Styling sehr auf, aber nicht sehr positiv.

Viele finden es hässlich wie ich meine Haare tuppiere oder sie finden es lächerlich wenn ich Schleifen im Haar trage.

Mir persönlich macht es nichts aus denn ich habe Selbstvertrauen und eine eigene Ansicht. Ich mag es wie ich meine Haare mache und wie ich rumlaufe.

Ich steh zu meinem Style auch wenn viele denken es sieht „Scheiße" aus.

Ich hab mich so entschieden und ich finde man sollte so rumlaufen, wie man sich wohlfühlt. EGAL was andere sagen!

Weil ich hab' schon oft gesehen und erlebt, das Leute das aufgegeben haben und aufgehört haben sich aufwendig zu stylen, nur weil sie zu viel auf die Meinung anderer geben. Ich finde sowas nicht gut. Aber man kann es einerseits auch verstehen, denn Mitschüler können <u>sehr</u> grausam und gemein sein.

Ich kriege oft mit wie Leute über mich reden, mir macht es nichts aus.

Doch für manche ist das auch ein Grund anzufangen sich selbst nicht mehr zu mögen, anzufangen sich zu Fragen „Ist der Weg falsch?". Und durch Mobbing geht viel kaputt. Viele Jugendliche nehmen das vielleicht sogar als Grund sich selbst zu verletzen und sich selber auszugrenzen.

Ich finde es schrecklich wie Leute miteinander umgehen und ich frage mich selbst auch immer wieso es eigentlich immer so um einen Ruf oder Äußerlichkeiten gehen muss.

Wieso Leute immer versuchen Mitmenschen in den Rahmen zu schneidern, den sie sich selbst gemacht haben für ihr eigenes Leben.

Wieso man immer versuchen muss jemanden zu verändern?

Ich weiß, das es nie so sein wird das jeder jeden so akzeptiert wie er nun mal ist. Das find ich sehr Schade. -___-

7.

das man jeden Menschen so leben lassen sollte,wie er es für sich als richtig empfindet!!!

DEn jeder Mensch ist verschieden und hat recht auf freie Entwicklung

8.

Das Vorurtiel das sich alle Emos ritzen sollte mal aufgeklärt werden.Denn es ist totaler Schwachsinn...Ich persöhnlich kenne aus allen Szenen (HipHop,Gothik,Punk und Metal)leute die sich regelmäßig ritzen weil sie ienfach Probleme haben oder psychisch belastet sind!

Das dies nur Emos machen ist nicht wahr-sich gibt es das aber nicht nur bei Emos!

9.

Das Emos keine kleine sich ritzende in der ecke sitzende heulende kinder sind und die wenigsten emos sich ritzen

Emos können lkachen .lachen ist nämlich auch eine EMOtion

10.

Das wenn z.B ein emo sich ritz und im selbstmitleid ertinkt das es nicht dierect heißt ALLE emos sind soo .. man sollte erst ein paar emos kenen um zu sagen wie die sind denn jeder ist anders .. lebt anders und ist vom chara auch ganz anderes .. hat eine eigene meinung und joa .. xDD

11.

Ritzen und Depression hat nicht mtit Emo zutun! Und auc h nicht. Auh lachen ist eine EMOtion.

12.

mir wuerde es schon reichen wenn sie sich deine arbeit hier durchlesen... man sollte aufhoeren vorurteile zu haben bevor man sich nicht mit einer sache beschaeftigt hat oder zumindest eine bedingte ahnung hat... und vor allem, kein mensch ist schlecht, jeder verdient ne chance egal ob er/sie voll mit tattoos ist oder nicht...

13.

nix was andere denken ist mir egal

14.

EMOS SIND NICHT ALLE GLEICH RITZER!!!!!!

15.

Das sie immer zum schlechten eingeordent werden das ist nicht gercht das sollte sich ender den wir sind normal und ganz nett

16.

Sie sollten sich nicht davon runter kriegen lassen wenn jemand emo ruft oder so !!! es ist normal sowas zu hören wenn man ein emo werden will

17.

das nich das ausschaun eine rolle spielt als emo

das sich net alle emos ritzen

18.

emo heißt nicht ritzen!, nicht alle emoboys sind schwul, etc

19.

Ich finde es wichtig,das man genau so respecktiert wird wie auch andere Menschen. Und man sich nich ständig irgendwelche dummen sprüche rein ziehen muss,wie z.B. mit dem Ritzen oder so etwas. > Ausserdem finde ich es scheiße,wenn man den Emo-Style nachkopiert und man aber selbst kein Emo ist!

20.

Sie sollten wissen das emos sich nicht ritzen und nur in der ecke sitzen und heulen ich z.B mache sehr gern party und lach auch gern

21.

man sollte sich nich runterkriegen lassen.....sein leben leben....einfach spaß haben...und nich auf andre schaun.....

22.

Man ist nicht automatisch ein Ritzer, nur weil man ein Emo ist! Ritzen ist eine Krankheit. Man wird auch immer gleich als Heulsuse o.ä. bezeichnet...Das finde ich auch nicht richtig. Ich finde, es ist nichts schlimmes zu weinen, man drückt doch nur seine Gefühle aus…

Und außerdem finde ich, dass es total dumm ist, Emos zu mobben! Man wird als Emo runter gemacht, weil man etwas anders gekleidet ist und das ist total dumm! Zum Beispiel, fühlen sich die Hopper ganz toll, wenn sie auf einem oder mehreren Emos rumhacken. Sie sagen ja auch immer (egal ob Hopper oder nicht), dass Emocore total scheiße ist. Wenn ich mir aber z.B. mal deren Musik anhöre…

Zum Beispiel bei Hip Hop (jetzt bin ich ja schon wieder bei den Hoppern), da reden die doch meißtens nur über Gewalt, Geld, nackte Frauen oder beleidigen gegenseitig ihre Mütter….Sowas find ich schrecklich!

Ich bin jetzt soweit fertig….

23.

Das emos wo sich ritzen keine psychos sind!

24.

Die sollten erstmal die EmoŽs kennen lernen und nicht gleich einen Hass durch die Vorurteile aufbauen und Angst braucht man erstrecht nicht vor denen haben ich hab viele EmoŽs als freunde das auftreten kann schon gruselig sein aber meines auch

25.

Das nicht alle Emos gleich sind man findet nie einen Menschen der wie ein anderer ist. Ich will einfach nur so aktzeptiert werden wie ich bin und nich geändert werden ich will einfach nur in ruhe leben und geliebt werden

27.

Das auch Emo´s gefühle haben nur zeigen wir unsere Emotionen ganz anders als Hopper oder normales.

Nicht jeder Emp ritzt sich

28.

ich finde jeder Mensch sollte den anderen achten jeder hat ein stolz und es tut sehr weh wen man nur aufs Äußere bewertet wird und in eine Gruppe eingeordnet wird. Nur weil man anders ist ist man nicht gleich schlechter als die anderen.

29.

Das Emo sein nichts mit heulen odere Ritzen zu tun hat und sie ganz normale Menschen sind wie alle anderen auch.

30.

Ich finde das EMOs nich gleich Ritzer sind wie viele Behaupten.Oder diese komischen EMO Witze die nich lustig sind.Damit sollten die anderen aufhören und die EMOs akzeptieren so wie sie sind!

31.

Solange man sich selbst treu bleibt ist es doch egal was oder wer man ist. Wenn man dadurch zum „Emo" wird ist es auch recht.

Emo zu sein ist dann auch sicher nicht das schlimmste was einem passieren kann ;)

Ich hoff auf den Spruch gibt's kein Copyright XD aba:

„Be yourself, fuck the fakes!"

32.

Das Emos genau so Lebensfroh sind wie andere auch. Mit ein paar ausnahmen! Und das nicht alle denke dass, das Leben scheiße ist !

33.

EMO´s ritzen sich nicht und haben ihren eigenen style ^^

34.

die meisten mein immer emos sind immer nur depri und schlecht gelaud ... dabei simmt das gar nicht ...

35.

Ich finde andere sollten wissen, dass nicht alle Emos sich ritzen. Manche die Emos gewurden sind wissen wirklich meistens nicht was Emo sein bedeutet. Sie denken Emo sein ist die Kleidung und das man den ganzen Tag depri sein muss und sich ritzt. Ich habe eine Freundin, die ein Emo sein will.Betohnt auf sein will. Und ja sie hat sich geritzt. Als ich das gehört habe, habe ich mich einfach nur drüber aufgeregt, weil sie antscheinend wrklich nciht weiß was Emo sein allgemein zu bedeuten hat.

Und zum Schluss noch mal, emo sein bedeutet nicht das man sich ritzt. Emo ist ganz allein nur die Musik. Die Kleidung hat sozusagen fast nichts damit zu tun, dass kahm alles nachhinein. Aber viele wissen das man ein Emo schnell erkennt wegen seinen Aussehen, damit zeigen wir eig. nur das wir dazu stehen was wir sind.

Und eins habe ich noch vergessen:

Hahaha, guck mal da ist ein EmO *Emo, emo, emo* <----- ;D dies bezeichnen manche als Schimpfwort für uns, aber das ist der totale schwachsinn, weil sie ja nur sagen was wir sind und wie stehen ja dazu. xD Naja, wie auch immer. Ich hoffe mal ich habe dir ein wenig weitergeholfen

36.

joa die meisten meinen ja immer emos sind nur depri und haben immer schlechte laune das stimmt aber gar nicht und das muss vielen mal kla gemacht werden

37.

Emos sind NICHT IMMER depri, ritzen und sich auch anders selbst verletzen tun nur die wenigsten, es sind selten emos suizid gefährdet, auch ein vorurteil ist

das emos drogen nehmen. Das trifft auf sehr wenige zu. Es können genauso andere menschen drogen nehmen, sich selbst verletzen und selbstmordgedanken haben

38.-

39.

Besonders wichtig finde ich, dass endlich eingesehen wird, dass Emos auch nur Menschen sind, die Gefühle haben und dass man sie mit Drohungen (Prügel) auch verletzt. Außerdem sollen sich die, die so etwas tun, mal fragen, wie sie sich fühlen würden, wenn ihnen ständig Prügel angedroht werden würde(oder sie verprügelt werden)

40.

Über emo wissen alle so viel ist schon genug ich weiß nicht was ist bei emo noch interessantes

41.

Das wir auf keinen Fall kleine depresieve Trauerklöße sind

42.

keine vorurteile die stehn überall in der mail verteilt und emos sind meistens nicht brutal!!!

43.

sollten. emos ritzen nicht das it nur ein vorurteil genau so wie das emos immer weinen und nie lustig sind und das emos keine weicheier

44.

Aussenstehende sollten wissen das wir nicht unter oder über jemanden stehen. Wir haben unsere eigenen Überzeugungen und Lebenseinstellung.Wir sind nicht min- derwärting oder gefährlich.

45.

Es kommt im Leben nicht nur auf Geld und Reichtum und Macht an. Liebe und wahre Freundschaft sind tausendmal wichtiger! Aber nur Leute, die einiges durchgemacht haben, können das verstehen.

46.

Man sollte wissen, das man Emos nicht bleidigen soll, denn sie reagieren meistens heftig und sind verletzt. KEINE VORURTEILE!!! Emos sind keine Ritzer! Jedenfalls nicht alle und wenn schon, lasst sie doch ritzen. Die Mitmenschen sind so oder so schuld! Nicht alle Emos sind immer nur schwarz, manche erkennt man nicht mal ... Wir fühlen stark, also lasst uns einfach Emo sein!!

47.

Außenstehende sollten wissen das, Emos sehr aufgeschlossene Menschen sind die keine Scheu vor neuen oder fremden Personen haben. Freundlich zu allen sind und in Keiner Hinsicht verweichlicht sind. Meistens sind sie sogar am härtesten (; . Auf Klischees sollte man nichts geben, denn das meiste ist nicht wahr.

Außerdem verbindet, der „Emostyle" aus allen Gruppen (Hip Hop, „Rocker",..) etwas und führt es sinngemäß im Outfit zusammen

Wir tun keinem was, und NEIN wir wollen mit unseren Klamotten keine Aufmerksamkeit oder haben ein Aufmerksamkeitsdefizit. Und wir Jungs, sind keine Tunten nur weil wir Röhrenjeans tragen und lange Haare haben

Was sind dann bitte alle Skater?

Peace

48.

Nur wenn man emo ist sollte man nicht von jeden in dieselbe schublade gesteckt werden .. nur wenn man ausschaut we ein emo, heist das nicht das man auch einer ist..man urteilt zu schnell bevor man eigentlich etwas über die person selber weiss..

49.

Emos sind keine schlechten Menschen. ! Sie haben nur andere Klamotten und eine andere Musikrichtung.

50.

Das die Bezeichnung "Emo" nicht richtig gewählt ist und daher meist zum Schimpfwort ausartet und kleinere Kinder meinen, sie wären cool, wenn sie sich selbst verletzen, weil sie denken, das wäre "Emo". In Wirklichkeit leben wir nur das aus, was wir denken, was richtig ist. Sprich: Wir leben genauso wie andere Menschen, die sich nichts sagen lassen und ihren Spaß haben wollen.

51.

Emo hat nichts mit Ritzen zutun.Klar manche ritzen sich aber es gibt auch Hip Hopper die sich ritzen und das sind keine Emos.Klar gibt es auch Emos die das tun.

Aber diese Menschen die das tun habe meistens probleme die sie nich anders zulösen wissen, klar ist das keine lösung aber sie wissen keinen anderen weg und senden somit einen hilfe schrei aus. Pracktisch sollte das an andere Menschen ein Hilfe ruf sein das sie Hilfe brauchen. Emos hängen auch nicht in der Ecke und heulen und sind den ganzen Tag depresiv. Wir sind auch normale Menschen wie alle anderen auf der Welt auch. Ich hoffe das die, die sagen das jeder Emo sich ritzt und depresiv in der Ecke hockt und heult mal die Augen auf macht, das es einfach nicht stimmt. Wir sind anders als diese Menschen denken sie stecken uns eifach in eine Schublade und kennen uns noch nichtmals.Beurteilen uns einfach ohne uns zukennen.Und wenn man inen die Warheit sagen will glauben sie uns nicht und denken einfach so stur weiter.

52.

das emo sein nicht gleich ritzen ist und das emos auch menschen sind auch sie auch so behandelt werden sollten

53.

ich sag nur emo ist nicht = ritzen das sind nur vorurteille!

54.

das nich alle emos sich ritzen un auch viele Hopper sich ritzen un EMOS NICHT STINKEN

55.

also für mihc ist es wichtig das nicht alle denken das sich alle emos ritzen und das emos nicht

56.

das ich es scheisse finde das die bezeichnung emo oft als beleidigung benutzt wird.! :/

57.

-Bevor Du urteilen willst, über mich oder mein Leben, ziehe meine Schuhe an und laufe meinen Weg, durchlaufe die Straßen, Berge und Täler, fühle die Trauer, erlebe den Schmerz und die Freuden...

...und erst DANN kannst Du urteilen...

-es ist leider schade das man verurteilt wird oder in eine schublade gesteckt wird aber ich denke das muss sein um es der aussenwelt verständlich zu machen,doch man darf nicht vergessen wir sind alle menschen und jeder lebt sein leben so wie er es möchte ich und kein andererhat das recht beleidigend zu werden wegen etwas das er nicht versteht aber es ist der leichteste weg wer macht sich schon die arbeit es wirklich verstehen zu wollen.

-leider wurden schon viele meiner freunde zusammengeschlagen weil sie emos sind aber warum ich meine leute wie wir tun doch niemanden was doch wie es scheint nimmt die welt gerade daran anstoss, niemand kann wirklich tragbare gründe aufweisen warum er keine emos mag und selbst wenn es welche gäbe warum muss es dann immer in gewalt enden ich möchte nicht das es leuten die mir viel bedeuten schlechht geht oder das sie geschlagen werden. Ich könnte soviel sagen doch am ende bin ich doch nur irgendjemand dessen worte nichts bewegen oder ändern können.

Es ist doch egal wohin man schaut jeder führt seinen kampf mit sich und der welt......alles was ich mir wünschen würde ist ein bischen mehr verständnis....

58.-

59.

also ich finde es wichtig das viele wissen das emo eine musikrichtung ist un nichts anderes. viele sagen sie sind emos nur weil sie so aussehen! das ich nicht lache emo muss von innen kommen unn nicht von außen

60.

das nicht alle emos sich ritzen oder traurig in der ecke hocken und heulen müssen

61.-

62.

emos heißt nicht traurig zu sein und sich selbst zu verletzen. es ist einfach nur die musikrichtung und der style der es ausmacht. und nichts anderes...

63.

Emos sind KEINE Schwuchteln und Ritzer!

64.

Das ritzen und depri sein nichts mit emo zu tun hat!

65.

Man sollte nicht nach den Klischees richten und lieber mal ein bisschen tiefgründiger denken. Nicht jeder, der ein Emo ist, ritzt sich. Und nicht jeder, der wie ein Emo aussieht, ist auch von Herzen her Emo... Na ja, ich rede unverständliches Zeugs. Vielleicht sollte ich besser aufhören. Hoffe, ich konnte helfen.^^

66.

nur weil man " emo " ist .ritzt man nicht. ritzen ist ein scheiß vorurteil und nichts anderes. emo ist eine musikrichtung und nicht mehr ...

67.

Alle außenstehende sollten wissen dass emos genauso sind wie alle anderen. Sie haben villeicht nen andere Lebenseinstellung und anderen kleidungsstil, aber trotzdem sind sie menschen wie jeder und wollen auch anerkennung haben. Deswegen versetzt euch mal in die Lage von einem Emo. Ihr wollt doch auch Anerkannt

68.

Emos sind keine Tokio Hotel Fans und sehr tolle menschen :)

69.

das wort emo kommt von emotional hardcore ! NICHT emotional ... emotional hardcore ist eine musikrichtung aus den U.S.A. die von glatzköpfen die sich spritzen entstanden ist... ne typische emo band für mich ist z.b. silverstein =) die ich übrigens auch gerne höre

70.

das ritzen, depressiv sein und anderes einfach nur dumme voruteile sind genauso wie immer alle sagen das punks stinken und sowas. die leute sind halt so wie andere sie tragen nur andere klamotten und hören andere musik es ist halt eine geschmackssache. wäre ja auch schlimm wenn alle das selbe toll finden würden...

71.

Nicht jeder emo ist ein selbstmordgefährdetes etwas das nur aufmerksamkeit sucht...

72.

Emos sind nicht nur Ritzer!! Das ist nur ein beschiessenes Vorurteil was meiner Meinung nach gar nichts zu bedeuten haben sollte weil es bei den meisten gar nicht stimmt. Jeder denkt ja das JEDER emo sich ritzt! Das ist aber gar nicht so. vielleicht haben es manche mal versucht aber es beweisst noch lange nichts. Ritzen ist im Grunde nichts anderes als sich z.B irgendwo dran 'ausversehen' zu schneiden. Meine ich.

73.

zunächst mal möchte ich klarstellen , dass EMOS normale menschen sind und ihren gefühlen freien lauf lassen! nur weil sich welche von den emos ritzen heißt es nicht gleich das es alle machen und wir alle krank sind! wir möchten einfach von den leuten die uns nicht akzeptieren in ruhe gelassen werden , so wie wir es auch mit denen tun , immerhin sagen wir auch nciht wenn wir einen hopper oder einen ausländer sehen : "Ah guck mal ein Hopper/Ausländer"

74.-

75.

ich finde es wichtig das aandere wissen das emos auch nur menschen sind und das
es keinen Grund gibt sie blöd anzumachen, auserdem sollten die Leute nicht immer
so behindert gucken wenn man i-wo her geht und einfach aktzeptieren das jeder
einen anderen Style hat und eine andere lebenseinstellung,wenn es wem nicht passt
soll er doch eifnach leise sein, auch stimmt es nciht das jeder Emo sich ritz es gibt
auch Hip.hopper die sich ritzen, und emos ritzen sich nur wenn es nicht anders geht.

76.-

77.

Emo sein hat nichts mit ritzen oder nur depri in der ecke zu sitzen zu tun

78.

emos werden oft falsch eingeschätzt . sie sind nicht so wie viele denken.

79.

Es geht um die Musik. & nicht das Emo's "Emotional" sind. & die sich Ritzen.. das is
Schwachsinn.

80.

Wir sind nicht gleich ritzer wenn wir emos sind (nicht alle ritzen sich) es ist uns egal
was andere über uns denken,die jung/mädchen aus unserer szene sind nicht
schwul/lesbisch (also manche schon) wir sind nicht gleich wir sind was anderes
besonderes

81.

Hmm... das wir emos auch nur menschen sind und nicht nur weil wir anders sind
immer dumm angemacht werden von irgendwelchen ausenstehenden, die was
gegen uns haben
Wer vielleicht Bock auf ein richtiges Interview hat, kann ja BEscheid geben. Wär toll.

82.

das ritzen einfach nur ein vorurteil is zwar man gedanken dafür hat aber man es halt
nich umsetzen möchte als sogenannter emo un man darf sich halt einfahc nich von
den anderen rutner machen man muss ihnen ein gefühl geben das man nich alleine
is un das man stark sein kann!

83.

Nicht alle emos ritzen sich! Das ist eine Krankheit die man borderline nennt und nach
meiner meinung ist emo sein hauptsächlich der style. Kann schon sein, dass man

nen bisschen depressiv ist muss aber auch nicht sein. Ich habe viele freunde, die sich als emos bezeichnen und mit denen habe ich spaß ;)

naja ich finde nicht dass ich ein emo bin, weil ich mich nicht in eine schublade stecke ich bin eher ein punk, goth emo mix xDD ich trag halt was mir gefällt und höre auch musik die mir gefällt ;)

84.

Emos sind sicher nicht „psychisch gestört" wie manche vllt denken, die Veranlagung dafür hat jeder.

85.

Emos sind eine Jugendbewegung wie jede andere auch. Sie sollte Akzeptiert werden und nicht abgestoßen.

86.

Emo ist meiner Meinung nach eine Musikrichtung, und keine Charaktereigenschaft, Style, Lebenseinstellung oder sonstiges. Leute, die sagen „ich bin ja soo emo" haben einen an der Waffel. Musikrichtung, nicht mehr.

87.

Nicht jeder der schwarz trägt, sich in Röhrenhosen am wohlsten fühlt, oder Piercing als Schmuck bevorzugt, ist ein „Emo". Viele Menschen wollen sich einfach mit ihrer Musik identifizieren oder einfach nur zeigen, was sie gerne mögen. Nur weil jemand Beggyhosen (werden die so geschrieben?) trägt wird er nicht automatisch als „Hopper" abgestempelt. Ich denke, Menschen sollten andere Menschen einfach machen lassen, was sie wollen und es tolerieren, sie müssen es ja nicht akzeptieren und es verlangt auch keiner von ihnen, dass sie das übernehmen. So wie wir (ich rede einfach mal für die Allgemeinheit, die in die „Emo"-Kategorie gesteckt wird) es hinnehmen, dass manche Menschen Jeanshosen tragen oder Baggyhosen, sollten diese Menschen auch hinnehmen, dass wir Röhrenhosen tragen. Ich finde blöde Sprüche sind da einfach fehl am Platz, weil es nicht andere Menschen sind, die anders denken, sondern auch nur Menschen mit Gefühlen, für die das vllt verletzend sein kann. Im Grunde sind wir alle gleich, ob wir helle oder dunkle Haut haben, verschiedene Kleidungsstile oder Einstellungen haben, wir sind alle Menschen mit Gefühlen und so weiter und das vergessen viele Menschen.

88.

Also: Emo's sind definitiv keine gefährlichen Leute. Wir sind alle ganz friedlich. Und es geht nicht darum wer sich mehr ritzt oder wer am meisten heult oder so. die meisten Emos sind ganz fröhliche Menschen. Und man sollte Vorurteile einfach lassen, weil sie meistens nicht stimmen!

89.

Manche Emos ritzen manche nicht. Aber merke: Auch normalos machen es. Ritzen hat nichts mit emo zu tun.

90.

- Als ersten Punkt finde ich dass alle Außenstehenden nicht die Szene sondern die Menschen beurteilen und kritisieren sollten, denn jeder Emo ist auf eine ganz besondere Art und Weise einzigartig und verschieden.

- Sie sollten Emos nicht als „Ritzer" und/oder „heulende Nichtsnutze" abstempeln.

- Dass Emos genau soviel Spaß haben können und lachen können wie jeder andere Mensch auch.

- Dass Emos stolz darauf sind Emo zu sein und es ihnen nichts ausmacht wenn man ihnen „Emo" hinterher schreit. Naja manchmal nervt es ein wenig. ;D

- Emos lieben ihr Leben und genießen jede Minute so wie jeder andre Mensch auch.

- Auch Emos machen gerne Party.

91.

Dein Fehrnsehr Lügt

92.

Dass Emo's auch ganz normale Menschen sind, mit denen man sich wunderbar über alle Themen des Lebens unterhalten kann, weil Emo's so gut wie nirgendswo Tabus haben! Wir sind nicht nur deprimiert, sondern empfinden einfach alle Gefühle stärker und zeigen das auch – Dazu gehört natürlich auch Freude! ;-)

93.

Also das sich Emos nicht ritzen das is ein beschissens vorurteil!!

94.

Das emos keine ritzer sind!

Das sie nicht immer traurig nur sind!

Das sie mehr Emotionen in alles legen!

Das aussehen auch täuschen kann! ;)

95.

Man kann die Emos nicht alle in eine Schublade stecken. Es ist trotzdem jeder anders auf seine Art und Weise. Manche haben einfach nur schlechte Erfahrungen, schlechte Kindheit, schlechten Umgang gehabt. Deshalb zieht es diejenigen in die

Schwarze Szene. Andere sehen das einfach nur als Trend und sind nächstes Jahr wieder was ganz anderes was in Trend kommt.

96.

Es ritzen sich nicht alle emos!!!!Wer meint durchs ritzen ein emo zu werden, ist dumm!!

97.

nicht jeder emo ritzt, nicht jeder emo ist depri, nicht alle emos sind fakes

98.

Ich persönlich finde es lustig wenn man mich als Emo bezeichnet. Ich kann da nur drüber lachen XD

Gut, ich hab teilweise schwarze Haare, nen Piercing und bin auch nich 24 Stunden am Tag gut drauf, aber bevor man mich in so eine Schublade steckt soll man mich bisschen besser kennen lernen.

Auch ritzen sich nicht nur Emos! Ich kenn genug andere Leute die sich ritzen und da sind auch die ein oder anderen Hopper dabei. Auch andersherum kenne ich Leute, die man als Emos bezeichnet und die ritzen sich nicht XD

Dieses ganze Klischee-denken ist für mich einfach nur lächerlich.

99.

ritzen hat NIX mit emo sein zu tun

sollten. das jeder emo ein mensch ist und niemals diskremeniert werden sollen und jeder ein recht hat so zu sein wie er/sie will

100.

emos sind nicht automazisch ritzer, wir sind menschen wie ihr und geniesen unser leben